El supermago científico

El supermago científico

JIM WIESE

LIMUSA · WILEY

Wiese, Jim
   El supermago científico : 50 sensacionales, intrigantes y divertidos
trucos de magia para niños y jóvenes = Magic science : 50 jaw-dropping,
mind-boggling, earth-shattering, head-scratching activities for kids /
Jim Wiese. -- México : Limusa Wiley, 2005.
140 p. : il. ; 19 cm.
ISBN: 968-18-6211-2.
Rústica.
1.Experimentos científicos

I. Escoffie Martínez, Hugo Iván, tr.

LC: Q182.3   Dewey: 507.8 – dc21

VERSIÓN AUTORIZADA EN ESPAÑOL DE LA OBRA PUBLICADA EN
INGLÉS CON EL TÍTULO:
MAGIC SCIENCE
© JOHN WILEY & SONS, INC., NEW YORK, CHICHESTER,
  BRISBANE, SINGAPORE, TORONTO AND WEINHEIM.

COLABORADOR EN LA TRADUCCIÓN:
HUGO IVÁN ESCOFFIE MARTÍNEZ

LA PRESENTACIÓN Y DISPOSICIÓN EN CONJUNTO DE

EL SUPERMAGO CIENTÍFICO

DERECHOS RESERVADOS:

© 2005, EDITORIAL LIMUSA, S.A. DE C.V.
   GRUPO NORIEGA EDITORES
   BALDERAS 95, MÉXICO, D.F.
   C.P. 06040
   ☎ 5130 0700
   📠 5512 2903
   limusa@noriega.com.mx
   www.noriega.com.mx

CANIEM NÚM. 121

HECHO EN MÉXICO
ISBN 968-18-6211-2
4.1

DEDICATORIA

A Matthew, Elizabeth y Annie,
quienes me ayudaron a poner la
magia en mi vida, y a Bárbara, que
me ayuda a conservarla

Contenido

4. La magia del aire

Trabajos bajo presión 73

5. La magia de la fuerza y la energía

Actos "forzudos" 95

6. La magia de la electricidad y el magnetismo

Ilusionismo "electrizante" 113

Acerca de las unidades de medida usadas en este libro

- Como podrás ver, en los actos de magia científica se emplean el Sistema Internacional de Unidades (sistema métrico) y el sistema inglés, pero es importante hacer notar que las medidas intercambiables que se dan son aproximadas, no los equivalentes exactos.

- Por ejemplo, cuando se pide un litro, éste se puede sustituir por un cuarto de galón, ya que la diferencia es muy pequeña y en nada afectará el resultado.

- Para evitar confusiones, a continuación tienes unas tablas con los equivalentes exactos y con las aproximaciones más frecuentes.

SISTEMA INGLÉS	SISTEMA INTERNACIONAL (MÉTRICO DECIMAL)	APROXIMACIONES MÁS FRECUENTES
MEDIDAS DE VOLUMEN (LÍQUIDOS)		
1 galón	= 3.785 litros	4 litros
1 cuarto de galón (E.U.)	= 0.946 litros	1 litro
1 pinta (E.U.)	= 473 mililitros	$\frac{1}{2}$ litro
1 taza (8 onzas)	= 250 mililitros	$\frac{1}{4}$ litro
1 onza líquida (E.U.)	= 29.5 mililitros	30 mililitros
1 cucharada	= 15 mililitros	
1 cucharadita	= 5 mililitros	
UNIDADES DE MASA (PESO)		
1 libra (E.U.)	= 453.5 gramos	$\frac{1}{2}$ kilo 1 onza
(E.U.)	= 28 gramos	30 gramos
UNIDADES DE LONGITUD (DISTANCIA)		
$\frac{1}{8}$ de pulgada	= 3.1 milímetros	3 mm
$\frac{1}{4}$ de pulgada	= 6.3 milímetros	5 mm
$\frac{1}{2}$ de pulgada	= 12.7 milímetros	12.5 mm

³/₄ de pulgada	= 19.3 milímetros	20 mm
1 pulgada	= 2.54 centímetros	2.5 cm
1 pie	= 30.4 centímetros	30 cm
1 yarda (= 3 pies)	= 91.44 centímetros	1 m
1 milla	= 1,609 metros	1.5 km

TEMPERATURA

32°F (Fahrenheit)	0°C Celsius	Punto de congelación
212°F	100°C	Punto de ebullición

ABREVIATURAS

atmósfera = atm

milímetro = mm

centímetro = cm

metro = m

kilómetro = km

pulgada = pulg (in)

yarda = yd

pie = ft

taza = t

galón = gal

pinta = pt

cuarto de galón = qt

onza = oz

cucharada = C

cucharadita = c

litro = l

mililitro = ml

Introducción

¿Has observado alguna vez a un mago haciendo un truco y te has preguntado cómo lo hizo? ¿Has observado a tu maestro de ciencias haciendo un experimento científico y te has preguntado lo mismo? Muchas veces parece que no hay gran diferencia entre la magia y la ciencia. De cualquier manera, ¿qué son los trucos de magia? En realidad son sólo ilusiones. El mago conoce los secretos del truco, pero los espectadores lo ven como magia porque no entienden cómo se hace el truco.

Muchos trucos de magia en realidad son simples experimentos científicos. El mago agrega unas cuantas palabras mágicas y te hace creer que está ocurriendo algo sobrenatural y misterioso. En realidad existe una explicación científica de cómo funciona el truco, que no tiene nada que ver con las palabras mágicas.

Así que, si estás interesado en la magia y en entender la ciencia que hace funcionar muchos trucos de magia, te van a encantar las actividades de este libro. Todas ellas son proyectos y experimentos científicos, pero con un movimiento ondulante de tu mano y unas cuantas palabras especiales, tu familia y tus amigos ¡creerán que hiciste magia!

CÓMO USAR ESTE LIBRO

Este libro está dividido en capítulos con base en las áreas científicas generales sobre materia, reacciones, agua, aire, fuerzas y energía, magnetismo y electricidad. Cada capítulo contiene proyectos y experimentos que se pueden hacer funcionar como trucos de magia. Cada proyecto tiene su lista de materiales que podrás encontrar, casi en su totalidad, en tu propia casa o en la ferretería o tienda de abarrotes del lugar donde vives.

Cada proyecto se divide en dos partes: ANTES DE LA FUNCIÓN, que te dice cómo preparar la actividad antes de que llegue el público y ¡COMIENZA LA FUNCIÓN!, que te dice cómo realizar el truco. Algunos proyectos tienen una sección llamada ¡CONTINÚA LA DIVERSIÓN!, que te dice cómo hacer diferentes variantes de la actividad original. Otra sección, la de SUGERENCIAS

PARA LOS TRUCOS DE MAGIA CIENTÍFICA, **te da consejos acerca de los trucos en** muchos de los proyectos. Al finalizar cada proyecto se menciona el EFEC-TO que deseas lograr con el truco y una EXPLICACIÓN completa. Las palabras impresas en letras **negritas** se definen en el texto y en el glosario al final del libro.

CÓMO HACER LOS PROYECTOS

• Antes de iniciar el proyecto, lee una vez todas las instrucciones y reúne todo el equipo que vas a necesitar.

• Anota en un cuaderno todo lo que vayas haciendo y lo que ocurra durante el proyecto.

• Sigue con cuidado las instrucciones. *No trates de llevar a cabo tú solo ningún paso que requiera ayuda de un adulto.*

• Si tu proyecto no funciona bien la primera vez, inténtalo de nuevo o hazlo de una manera ligeramente diferente. Los experimentos no siempre funcionan perfectamente la primera vez.

LO QUE NECESITAS PARA SER UN BUEN MAGO

Para ser un buen mago necesitas dominar cuatro aspectos: utilería, preparación, práctica y actuación.

Utilería. Son las herramientas y equipo que un mago usa, y que incluyen una mesa, los artículos que se necesitan para hacer el truco, la vestimenta de mago y una varita mágica. Necesitarás emplear algún tiempo para hacer y decorar tu utilería antes de tus actos de magia. Los siguientes son algunos artículos de utilería que todo mago necesita:

- *Mesa de mago*. Cubre una mesa con tela estampada o decorada, por ejemplo un pedazo grande de tela negra decorada con estrellas y lunas de papel de estaño.

- *Un telón* que va atrás del escenario y que también puede ser una pieza grande de tela negra decorada con estrellas y lunas de papel de estaño, que podrás fijar a la pared con cinta adhesiva o con chinches o tachuelas. Antes de colocar algo en la pared pide permiso.

- *La vestimenta de mago*. Adorna con lentejuelas y otros materiales brillantes un sombrero viejo y una túnica. Haz lunas en cuarto creciente y estrellas de papel de estaño y cóselas a tu traje.

- *Una varita mágica*. Pinta de negro una vara y adhiérele en un extremo listones de colores, una estrella o una luna en creciente.

Preparación. Planea qué trucos harás en tu acto. Para captar mayor interés del público elige unos trucos largos y otros breves.

Práctica. Ensaya varias veces cada truco. Espera hasta poder hacerlos con desenvoltura ante tus familiares y amigos. Todos tus movimientos deben verse perfectamente normales. Ensaya frente a un espejo hasta que todo se vea muy bien.

Actuación. Di palabras mágicas como "abracadabra" y "prestochango" durante tu rutina, como si estuvieras haciendo que ocurra la magia. Cuenta chistes para mantener entretenida a la concurrencia. No olvides hacer la presentación tuya y de tu ayudante (si lo tienes) ante el público, y al terminar agradéceles su atención. ¡Y no olvides hacer una reverencia!

PUEDES USAR ESTE LIBRO PARA HACER UN BUEN PROYECTO PARA LA FERIA DE CIENCIAS

Muchas de las actividades de este libro pueden servir como punto de partida para un buen proyecto para la feria de ciencias. ¿Qué preguntas acuden a tu mente después de hacer el experimento como dice el libro? En la sección "¡Continúa la diversión!" se dan sugerencias sobre posibles proyectos.

Para iniciar tu proyecto para la feria de ciencias, escribe el problema que deseas estudiar y plantea una hipótesis. **Hipótesis** es una conjetura informada sobre el resultado del experimento que vas a hacer. El propósito de la hipótesis es dar una explicación posible de la manera como ocurre algo. Por ejemplo, si te gustó el proyecto "Magia láctea", es probable que quieras saber si otras clases de leche, como la baja en grasa o la descremada darían el mismo resultado que la leche entera homogeneizada. Una hipótesis en este experimento podría ser que la leche entera homogeneizada funciona mejor.

Para comprobar tu hipótesis primero tienes que crear un experimento. En la actividad "Magia láctea" puedes realizar el experimento tres veces, cada una de ellas con una leche diferente: entera homogeneizada, baja en grasa y descremada. Cerciórate de llevar un registro cuidadoso de tu experimento. Después, analiza la información que registraste. En algunos proyectos puedes hacer dibujos o crear una gráfica que muestre los resultados de cada experimento. Finalmente, elabora una conclusión que indique si los resultados prueban o rechazan tu hipótesis.

Este proceso se llama **método científico**. Cuando lo uses empieza con una hipótesis, pruébala con un experimento, analiza los resultados y plantea una conclusión.

Unas palabras de advertencia

Algunos experimentos científicos y trucos de magia pueden ser peligrosos. *Pide a una persona adulta que te ayude en los proyectos que lo requieren, como los que incluyen el uso de fósforos, cuchillos y otros materiales peligrosos.* No olvides pedir permiso a un adulto para usar aparatos domésticos; tampoco olvides retirar tu equipo y limpiar tu área de trabajo cuando hayas terminado. Los buenos científicos y los buenos magos son cuidadosos y evitan accidentes.

La magia de la materia

Ilusiones con sólidos

El espectáculo de Casilda: la magia de la materia

La **Química**. Es la ciencia que estudia la **materia**, que es todo lo que tiene masa y que ocupa espacio. Toda materia está hecha de partículas diminutas, **átomos**, que se enlazan o encadenan para formar las **moléculas**.

Hay tres estados de la materia: sólido, líquido y gaseoso. En los sólidos, las partículas (átomos y moléculas) están estrechamente unidas; no se mueven de un lado a otro, sólo vibran en su lugar, razón por la que los sólidos tienen formas que no cambian con facilidad.

Las partículas de los líquidos se atraen unas a otras pero también se mueven unas alrededor de otras. Los líquidos tienen un **volumen** fijo (la cantidad de espacio que ocupa una sustancia) pero su forma cambia.

Las partículas de los gases están muy lejos unas de otras, y se mueven alrededor con mucha rapidez. Esta es la razón por la que los gases, como el aire, no tienen forma ni volumen definidos.

La mayor parte de las sustancias existen en los tres estados; por ejemplo: el agua existe como sólido (el hielo), líquida y en forma de vapor que es su estado gaseoso. En todas sus formas la materia puede ser asombrosa. Para aprender los trucos más maravillosos de magia con la materia, realiza las actividades de este capítulo.

PROYECTO

Huevos flotantes

Algunas veces parece que el mago hace flotar las cosas en el aire. En este proyecto no vas a hacer eso, pero harás que un huevo flote en el agua.

MATERIALES

frasco de un litro (un cuarto de galón)
agua de la llave
tijeras
regla
masking tape
$1/2$ taza (125 ml) de sal
marcador
huevo crudo
cuchara grande

Antes de la función

1. Llena el frasco hasta la mitad con agua de la llave.

2. Corta un pedazo de *masking tape* de 7.5 cm (3 pulgadas) y pégalo por fuera del recipiente con sal. Con el marcador escribe sobre el *masking tape:* "Polvo mágico para nadar".

3. Pon en la mesa el huevo y la cuchara, donde los alcances fácilmente.

¡Comienza la función!

1. Dile a tu público: "Voy a enseñar a nadar a un huevo."

2. Empieza por demostrar a tu público que el huevo no sabe nadar metiéndolo en el frasco que contiene agua de la llave. El huevo se hundirá. Con la cuchara, saca rápidamente el huevo del frasco diciendo: "¡No quiero que el huevo se ahogue!"

3. Dale al huevo unas cuantas lecciones verbales de natación. Por ejemplo, dile: "Huevo, respira profundamente antes de saltar al agua."

4. Dile a la concurrencia que para ayudar al huevo a convertirse en un buen nadador necesitas poner en el agua unos polvos mágicos para nadar.

5. Vacía la sal en el agua y disuélvela con la cuchara. Di unas cuantas palabras mágicas mientras mezclas la sal con el agua, por ejemplo: "Polvo mágico, te pedimos que con tu gran poder hagas que el huevo no se hunda en el agua."

6. Mete el huevo en el frasco con agua.

SUGERENCIAS PARA LOS TRUCOS DE MAGIA CIENTÍFICA

Agrega unos cuantos chistecitos al truco. Por ejemplo, platícales de aquel niño que tenía un papá tan, pero tan tacaño, que un día se le escucha decir: "¡Papá, ya no quiero conocer Europa!", y el padre le contesta: "¡Cállese m´hijo y siga nadando! ¡Ándele!"

¡CONTINÚA LA DIVERSIÓN!

Haz este truco para demostrar que estos huevos saben "leer". Usa un crayón para escribir "húndete" en uno y "nada" en el otro. Toma dos frascos idénticos, y llena uno hasta la mitad con agua de la llave sin sal y el otro hasta la mitad con agua salada.

Dile a tu auditorio que los huevos saben leer lo que está escrito en ellos y harán lo que se les dice. Pon el huevo marcado "húndete" en el agua sin sal, y el huevo marcado "nada" en el agua salada. Tu público se sorprenderá al ver que cada huevo hace lo que está escrito en él.

EFECTO

El huevo se hunde en el agua sin sal pero flota en el agua salada.

EXPLICACIÓN

Como los huevos, cualquier materia flota o se sumerge, según su densidad. La **densidad** es una propiedad física de la materia, y se usa para comparar dos sustancias de igual volumen (que ocupan la misma cantidad de espacio), pero de masas diferentes (es decir, que contienen distintas cantidades de materia). Un objeto con más cantidad de masa por volumen es más denso que un objeto con menos masa por volumen. Las sustancias menos densas flotan en las más densas. Los huevos flotan en el agua salada porque tienen menos densidad que ésta. Sin embargo, el huevo es más denso que el agua sin sal y por eso se hunde en ella.

El agua salada es una **solución** que contiene sal y agua. Una solución se forma cuando se disuelve un sólido en un líquido. Cuando se disuelve sal en agua, la masa de la solución es mayor que la del agua sola en igual volumen. El agua salada es más densa.

Puedes sentir la densidad en acción cuando nadas en el mar. Es más fácil flotar en el agua salada del mar que en el agua dulce de una piscina o un lago.

PROYECTO

La torre de densidad

En el truco anterior hiciste flotar un huevo en el agua. En esta actividad harás que los objetos parezcan suspendidos en líquidos.

MATERIALES

Frasco alto y angosto, como los de aceitunas, con capacidad para 2 tazas (500 ml)

$1/_4$ de taza (65 ml) de jarabe de maíz o miel

colorante vegetal (cualquier color)

$1/_4$ de taza (65 ml) de agua de la llave

$1/_4$ de taza (65 ml) de aceite vegetal

$1/_4$ de taza (65 ml) de alcohol para fricciones

objetos pequeños, como un corcho, una uva, una nuez, un pedazo de pasta seca, una pelota de hule, un tomate cereza (miniatura), un objeto pequeño de plástico, un tornillo de metal.

ANTES DE LA FUNCIÓN

1. Vierte con cuidado la miel en el frasco hasta $1/_4$ de su capacidad.

2. Añade al agua unas cuantas gotas de colorante. Vacía el agua en el recipiente hasta que esté a la mitad. Nota: al agregar cada líquido, hazlo con sumo cuidado para no afectar la capa anterior.

3. Vacía lentamente en el recipiente la misma cantidad de aceite vegetal.

4. Vierte la cantidad necesaria de alcohol para llenar el frasco.

COMIENZA LA FUNCIÓN!

1. Dile a tu público que vas a hacer flotar varios objetos. Tal vez te digan que eso es fácil. Diles, entonces, que vas a hacer flotar las cosas a diferentes niveles en los líquidos.

2. Coloca en el frasco los objetos pequeños con suavidad, uno por uno, encima de las capas de líquidos.

3. Deja que la concurrencia observe lo que ocurre.

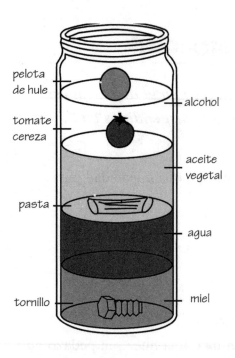

pelota de hule

alcohol

tomate cereza

aceite vegetal

pasta

agua

tornillo

miel

EFECTO

Los diferentes objetos flotan a diferentes niveles en el líquido. Algunos parecen estar suspendidos en medio de la torre de líquidos.

EXPLICACIÓN

El truco funciona porque las sustancias flotan o se hunden según su densidad. Las menos densas flotan sobre las más densas.

El alcohol flota sobre el aceite vegetal porque es menos denso que el aceite.

El aceite vegetal flota sobre el agua porque es menos denso que ésta. El agua flota en la miel y sobre el jarabe de maíz porque es menos densa que cualesquiera de ellos.

Cuando dejas caer los objetos en el frasco, éstos flotan o se hunden, lo que depende de su densidad y la densidad de las capas de líquidos. El tornillo tiene una densidad mayor que cualesquiera de los líquidos, por lo que se hunde hasta el fondo. El pedazo de pasta tiene una densidad mayor que el alcohol, el aceite vegetal o el agua, pero menor que la miel, por lo que flota en el agua. La densidad de la pelota de hule es menor que la de todos los líquidos, por lo que flota sobre la superficie del alcohol.

Las pasitas incansables

Es fácil hacer que un objeto se mueva empujándolo con la mano, pero ¿cómo puedes hacer que se muevan las pasitas sin tocarlas? Descúbrelo en esta actividad.

MATERIALES

una lata de Ginger Ale® fría

un vaso

6 pasitas

ANTES DE LA FUNCIÓN

1. Pon los materiales sobre la mesa.

2. Abre la lata y vacía el refresco en el vaso.

¡Comienza la función!

1. Dile a tu público: "Tengo algunas pasitas que últimamente han tenido problemas para dormir. Son incansables y no pueden dejar de moverse."

2. Pon las pasitas en el refresco.

3. Espera un momento y observa lo que ocurre.

¡Continúa la diversión!

Esta actividad también puede hacerse con pedacitos de espagueti en vez de las pasitas. Rompe el espagueti en pedacitos de 1.5 cm ($^{1}/_{2}$ pulgada) y ponlos en el refresco.

Efecto

Después de unos cuantos minutos las pasitas empiezan a moverse para arriba y para abajo en el líquido.

Explicación

Este efecto ocurre porque la lata de Ginger Ale contiene un gas llamado bióxido de carbono. El bióxido de carbono se ha disuelto en el refresco bajo presión. Cuando abres la lata y vacías el refresco en el vaso, se libera el bióxido de carbono. Este gas es menos denso que el resto del refresco, por lo que las burbujas del bióxido de carbono suben a la superficie.

Cuando agregas las pasitas al refresco, las burbujas se juntan en la superficie de cada pasita. Estas burbujas combinadas con las pasitas las hacen menos densas que el refresco. Las pasitas cubiertas de burbujas flotan hasta la superficie del refresco. En la superficie se rompen las burbujas, y las pasitas se vuelven otra vez más densas que el refresco. Estas pasitas vuelven a sumergirse hasta el fondo del vaso, donde las burbujas de bióxido de carbono rodean otra vez la superficie de las pasitas y empieza el viaje de nuevo. Este proceso dura todo el tiempo que el refresco siga liberando suficiente bióxido de carbono. Después de un tiempo breve, el refresco dejará de liberar bióxido de carbono y el proceso cesará.

PROYECTO

El balancín mágico

Algunas veces, los magos pueden aparentar que hay personas invisibles ayudándolos a hacer sus actos de magia. Aprende cómo lo hacen en esta actividad.

Nota: para esta actividad se necesita la ayuda de una persona adulta.

MATERIALES

cuchillo (sólo deberá usarlo el ayudante adulto)

vela de 25 cm (10 pulgadas)

regla

2 alfileres rectos

2 vasos altos

2 platos pequeños

fósforos (sólo deberá usarlos el ayudante adulto)

ayudante adulto

ANTES DE LA FUNCIÓN

1. Haz que tu ayudante adulto corte con el cuchillo 1.5 cm ($^1/_2$ pulgada) de la base de la vela sin cortar la mecha. La parte superior y la base deben verse iguales, con la mecha proyectándose hacia afuera.

2. Usa la regla para buscar la mitad de la vela, con toda la exactitud posible. Pon una marca a la mitad, con tu uña.

3. Introduce un alfiler en cada lado a la mitad de la vela.

23

4. Asienta los alfileres en los bordes de los dos vasos. La vela deberá mantenerse en equilibrio. Si uno de los extremos baja más que el otro, pide a tu ayudante adulto que recorte una pequeña cantidad de cera de ese lado hasta que la vela se equilibre horizontalmente. Al equilibrarse la vela se mecerá fácilmente de adelante hacia atrás, como un balancín (sube y baja).

¡Comienza la función!

1. Dile a la concurrencia: "Hay magia en el aire. Dos ayudantes míos, muy pequeños e invisibles van a ayudarme a hacer el truco. Les gusta jugar, especialmente en el balancín."

2. Pon el montaje vela-vaso en la mesa. Di a tus ayudantes invisibles: "Vengan ayudantes mágicos, vengan a jugar en el balancín que hice para ustedes." Al no ocurrir nada, dile a la concurrencia que los ayudantes son tímidos, a pesar de ser invisibles, y que necesitan un lugar para esconderse.

3. Pon un platito debajo de cada extremo de la vela.

4. Haz que tu ayudante adulto encienda con los fósforos ambos extremos de la vela. Dile a tu público que tus ayudantes invisibles ya pueden esconderse en las llamas y jugar en el balancín. Observa lo que ocurre (no olvides apagar las velas al terminar tu acto).

Efecto

La vela sube y baja como un balancín.

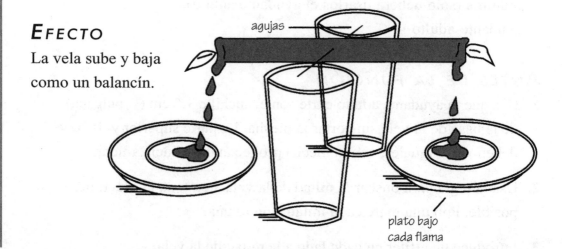

agujas

plato bajo cada flama

EXPLICACIÓN

Cuando enciendes una vela, el calor de la flama hace que las partículas de la cera vibren más y más. Las partículas se liberan de sus posiciones fijas y se mueven libremente. La cera sólida se derrite y se convierte en cera líquida.

En esta actividad el extremo de la vela que se enciende primero empieza a derretirse primero. La cera líquida gotea y va de la vela al platito. Ese primer extremo de la vela se hace más liviano y se levanta. En el otro extremo de la vela, la flama se inclina quedando más cerca de la cera de ese extremo y empieza a derretirse más pronto. Como el segundo extremo pierde más cera líquida, se hace más liviano y se levanta. Este proceso continúa y hace que la vela oscile de un lado a otro.

PROYECTO 5

¿Qué es?

Los magos pueden hacer que las cosas cambien de forma en tu presencia. Pero, ¿en realidad cambian? Averígualo en esta actividad.

MATERIALES

$^1/_4$ de taza (65 ml) de almidón de maíz (maicena)
taza de plástico transparente
$^1/_4$ de taza (65 ml) de agua de la llave
cuchara
ayudante

ANTES DE LA FUNCIÓN

1. Pon el almidón en la taza.

2. Agrega poco a poco el agua de la llave al almidón. Mueve la mezcla con la cuchara. Nota: ten cuidado de no agregar demasiada agua. La mezcla debe estar muy espesa.

3. Pon la taza en el centro de la mesa.

¡COMIENZA LA FUNCIÓN!

1. Muéstrale a la concurrencia el líquido blanco de la taza. Diles que vas a hacer que se vuelva sólido y después otra vez líquido. Pide a un voluntario que sea tu ayudante.

2. Vierte aproximadamente una cucharadita (15 ml) del líquido blanco en una de las manos de tu ayudante. El líquido saldrá muy fácilmente de la taza.

3. Haz que tu ayudante toque el líquido con un dedo de su otra mano y que después lo quite. Pide a tu ayudante que explique a la concurrencia lo ocurrido.

EFECTO

Cuando tu ayudante toca la mezcla de almidón, ésta se pone dura instantáneamente. Después se vuelve líquida otra vez al retirar el dedo.

EXPLICACIÓN

La materia toma las formas sólida, líquida y gaseosa. Sin embargo, los sólidos, líquidos y gases se pueden mezclar en formas interesantes. Cuando una sustancia se disuelve o desaparece completamente en otra, al resultado se le llama solución. No obstante, la mezcla de almidón y agua no es una solución. Es una mezcla un poco diferente llamada **coloide**. spersas de manera uniforme en otra. En este caso las partículas de almidón se dispersaron uniformemente en el agua.

Bajo presión, los coloides pueden cambiar de forma. En esta actividad, cuando la mezcla se encuentra en la taza parece ser líquido, pero cuando tu ayudante toca la mezcla, el contacto ejerce presión en ella. La presión comprime las partículas de almidón y la mezcla se vuelve sólida. Cuando se libera la presión, la mezcla vuelve a tomar su forma líquida original.

Sellador de fugas

¿Qué sucedería si pusieras agua en un recipiente que tuviera un agujero? El agua se saldría, ¿cierto? Pero esto no es siempre así, como verás en esta actividad.

MATERIALES

bolsa de polietileno (de las que usan muchas tiendas de abarrotes para
   los productos agrícolas)
jarra con agua de la llave
liga
lápiz afilado
tina de plástico o charola para hornear

ANTES DE LA FUNCIÓN

1. Vierte agua en la bolsa de plástico para estar seguro de que no tenga agujeros. Es necesario que puedas llenarla hasta la mitad sin que escurran gotas.

2. Vacía la bolsa y déjala secar.

3. Pon en la mesa, frente a ti, la bolsa, la jarra de agua, la liga, el lápiz y la tina de plástico.

¡COMIENZA LA FUNCIÓN!

1. Dile a tu público: "Tengo una bolsa mágica especial que no derrama líquido ni picándola con un lápiz."

2. Llena hasta la mitad la bolsa de plástico.

3. Tuerce la abertura y saca al mismo tiempo todo el aire que puedas de la bolsa y séllala con la liga.

4. Mantén la bolsa sobre la tina de plástico o charola para hornear agarrando la boca de la bolsa con una mano. Con la otra mano introduce el lápiz a manera de puñal en la mitad inferior de la bolsa, de modo que entre por un lado y salga por el otro. Deja ahí el lápiz. ¿Qué ocurre?

SUGERENCIAS PARA LOS TRUCOS DE MAGIA CIENTÍFICA

Para hacer más espectacular este acto perfora con dos o tres lápices la bolsa llena de agua.

EFECTO

A pesar de los dos agujeros hechos en la bolsa, ésta no deja salir el agua.

EXPLICACIÓN

El plástico es un material notable y útil. Se puede manufacturar dándole virtualmente cualquier forma. Se hace de **polímeros**. Un polímero es una cadena larga de moléculas unidas por enlaces químicos. Las cadenas de polímero plástico se pueden ramificar y unir con cadenas similares para formar plásticos más fuertes.

pequeña cantidad de aire

PRODUCTO AGRÍCOLA

El etileno es una molécula que se puede usar para hacer plásticos. Cuando se unen moléculas de etileno, se forma el **plástico polietileno** que se usa para hacer bolsas de plástico. El polietileno plástico se funde cuando se calienta. Tiene además una propiedad peculiar: cuando se rompen, sus moléculas se encogen y se juntan. Cuando pinchas la bolsa con el lápiz, el polietileno plástico se encoge alrededor de la abertura y cierra el agujero.

Otros materiales tienen la misma propiedad, que es la que se aprovecha para hacer llantas (neumáticos), que no se desinflan cuando las pinchas con un clavo.

7

¡Reviéntalo!

¿Has visto alguna vez a un mago introducir un objeto filoso en un globo sin que se reviente? Realiza esta actividad para aprender a hacerlo tú mismo.

MATERIALES

vara de bambú (de las que se usan para brochetas)
vaselina o aceite vegetal
2 globos
ayudante

ANTES DE LA FUNCIÓN

1. Cubre la vara de bambú con vaselina o aceite vegetal.

2. Pon los materiales en la mesa frente a ti.

¡COMIENZA LA FUNCIÓN!

1. Pídele a un miembro de la concurrencia que sea tu ayudante.

2. Haz que tu ayudante infle uno de los globos y que lo amarre con un nudo. Cerciórate de que el globo está bien inflado.

3. Indícale a tu ayudante que atraviese el globo con la vara sin que se reviente. No podrá hacerlo.

4. Inflar por completo el segundo globo pero no hagas el nudo. Deja que salga un poco de aire para reducir el tamaño del globo en aproximadamente una tercera parte (se sugiere que el globo quede de aproximadamente dos terceras partes de su tamaño cuando está completamente inflado). Haz un nudo.

5. Pon la parte afilada de la vara en el extremo del globo opuesto al nudo.

lado del globo
opuesto al nudo

6. Haz girar la vara moviéndola de un lado a otro entre tus dedos. Aplica presión lentamente a la vara mientras sigues haciéndola girar hasta que la punta agujere la superficie del globo sin hacer que reviente.

7. Continúa empujando y haciendo girar suavemente la vara a través del globo hasta que la punta afilada llegue al lado opuesto del globo, cerca del nudo.

8. Sigue aplicando presión y haciendo girar la vara hasta que su punta perfore la superficie del globo en el lado opuesto, sin reventarlo.

Sugerencias para los trucos de magia científica

Este truco es difícil la primera vez que se hace. Probablemente vas a necesitar practicarlo varias veces antes de intentarlo frente al público. Es posible que necesites aumentar la cantidad de vaselina o de aceite vegetal que untas a la vara para garantizar que ésta no reventará los globos.

También puedes intentar este truco poniendo un pedazo pequeño de cinta transparente en lados opuestos del globo. Introduce la vara a través de las áreas con cinta.

¡CONTINÚA LA DIVERSIÓN!

¿funcionan igual en este truco todos los tipos de globos? Prueba con varios tipos de globos para ver cuáles funcionan mejor.

EFECTO

La vara pasa completa por el globo sin que éste se reviente.

EXPLICACIÓN

Los globos se hacen con hule. Puedes perforar el globo sin que reviente por la composición original del hule.

El hule está formado por moléculas dispuestas en cadenas largas. Dichas cadenas se unen en forma cruzada, como en una pantalla, o un mosquitero, para crear el globo. Esto da al globo su consistencia elástica. Cuando tu ayudante perfora rápidamente el globo, las cadenas de moléculas se rompen y el globo se revienta. Sin embargo, cuando perforas el globo lentamente, las cadenas se separan ligeramente y dejan espacio para que pase la vara.

Tú facilitas el paso de la vara entre las cadenas al inflar el globo y reducir un poco su volumen. Cuando inflas totalmente el globo y luego liberas una cantidad de aire, se debilitan las cadenas de moléculas en algunos lugares. Esto permite que la vara pase con más facilidad por el globo. Además, la vaselina ayuda al actuar como **lubricante**, que es una sustancia parecida a una película, que reduce la **fricción** (fuerza que se opone al movimiento) entre superficies sólidas. La vaselina reduce la fricción entre la vara y el globo permitiendo que la vara pase con mayor facilidad por el globo.

La magia de las reacciones

Trucos con mezclas

Una **sustancia química** es toda aquella que puede cambiar cuando se combina con otra. Muchas veces la mezcla de dos sustancias puede dar por resultado una reacción química. **Reacción química**, suena misterioso, pero en realidad es sólo un cambio de la materia, donde las sustancias se transforman y producen una o más sustancias nuevas. Algunas veces cuando ocurren las reacciones químicas parecen cosa de magia. Un mago usa la química y las reacciones para hacer que cambien de color los líquidos, convertir los líquidos en sólidos y crear otras muchas ilusiones extrañas y maravillosas.

Para aprender cómo pueden usarse las reacciones químicas en algunos trucos sorprendentes, realiza las actividades de este capítulo.

PROYECTO

¿Dónde está el agua?

Prueba esta actividad para dar la impresión de que el agua desaparece.

MATERIALES

varias hojas de papel periódico
tijeras
pañal desechable
3 vasos de papel idénticos
jarra con agua de la llave

ANTES DE LA FUNCIÓN

1. Tiende los periódicos sobre tu área de trabajo.

2. Con las tijeras, corta el pañal a la mitad del lado corto para que puedas ver dentro de él.

3. Separa el pañal y saca la capa de algodón que va en medio. Examínala de cerca. ¿Qué ves? ¿Cómo está hecha esa capa?

4. Toma la capa de algodón y sacúdela vigorosamente de un lado a otro, sobre el papel periódico. Van a salir pequeñas partículas de la capa de algodón.

5. Pon las partículas dentro de uno de los vasos de papel.

¡COMIENZA LA FUNCIÓN!

1. Dile a la concurrencia que vas a hacer desaparecer cierta cantidad de agua. Muéstrales rápidamente que los vasos están vacíos (*rápidamente* es la palabra clave, pues se trata de que no vean las partículas que hay en el fondo del vaso).

2. Vierte una pequeña cantidad de agua en uno de los vasos vacíos. Cambia de lugar rápidamente los tres vasos. Mientras dices unas cuantas palabras mágicas, pídele a alguien del público que adivine cuál vaso tiene agua. Esa persona podrá identificar correctamente el vaso.

3. Dile: "Está usted en lo cierto, debo haberme equivocado en las palabras mágicas." Vierte el agua del primer vaso en el que tiene las partículas.

4. Di algunas palabras mágicas diferentes mientras vuelves a cambiar de lugar los vasos rápidamente. Pregunta a otra persona qué vaso tiene agua.

5. La persona contestará correctamente. Esta vez después de que la persona responda, voltea el vaso. ¿Qué ocurre?

Sugerencias para los trucos de magia científica

Agrega un poco de humor a tu truco de magia para hacerlo más entretenido. Cuando la persona elige el vaso correcto en el paso 2, finge que estás impactado porque el truco no funcionó. Di a la concurrencia que seguramente usaste mal las palabras mágicas. Saca un libro titulado "Palabras mágicas para toda ocasión" (puedes elaborarlo tú mismo forrando algún libro con papel blanco y etiquetándolo con el título indicado). Finge escoger unas nuevas palabras y sigue con el paso 3.

Efecto

Cuando volteas el vaso que contiene el agua y las partículas, no cae agua. Parece que el agua desapareció.

Explicación

La partículas de las capas de algodón del pañal son de una sustancia química llamada acrilato polisódico. Cuando mezclas el agua con las partículas ocurre una reacción química, y se forma una nueva sustancia, que es un gel pegajoso que no sale del vaso.

Las partículas del pañal son de una naturaleza fuertemente **higroscópica**, lo que significa que pueden **absorber** el agua y retenerla. Algunas sustancias higroscópicas pueden absorber y retener más de 50 veces su peso en agua. Los fabricantes de pañales les agregan sustancias higroscópicas para que retengan la humedad y mantengan secos a los bebés. También puedes comprar el acrilato polisódico en las tiendas de artículos para magos; pregunta por el congelante.

PROYECTO

Magia láctea

Probablemente has visto a los magos hacer que parezcan salir del aire flores bonitas. Intenta esta actividad para hacer bonitos diseños fluidos con materiales caseros comunes.

MATERIALES

1 taza (250 ml) de leche entera homogeneizada

plato

colorante vegetal azul

1 cuchara sopera (15 ml) de jabón líquido lavatrastes

ANTES DE LA FUNCIÓN

Pon todos los materiales en tu mesa.

¡COMIENZA LA FUNCIÓN!

1. Dile a tu público que vas a hacer unos bonitos remolinos en la leche común.

2. Vacía la leche en el plato pastelero que debe tener una profundidad de aproximadamente 1.5 cm ($^1/_2$ pulgada).

3. Agrega gotas de colorante en varias partes de la superficie de la leche.

4. Agrega el jabón líquido en el centro de la leche.

5. Espera unos momentos y ve lo que ocurre.

jabón líquido

leche

gotas de colorante vegetal

¡CONTINÚA LA DIVERSIÓN!

Prueba poner varios colorantes en la leche; cuando se mezclen te darán otros colores. Por ejemplo, si combinas colorante rojo y amarillo, éstos se mezclarán y formarán un color anaranjado.

EFECTO

El jabón hace que se mezcle la leche con el colorante, creando así remolinos de colores. Esto continúa durante varios minutos.

EXPLICACIÓN

En esta actividad la leche es **homogeneizada**, lo que quiere decir que la grasa que contiene se ha hecho muy fina y esparcido de manera uniforme en todo el líquido. Al agregar el colorante a la leche no ocurre nada al principio, y dicho colorante permanecerá donde lo pusiste. Sin embargo, al agregar el jabón, éste empieza a extenderse. Las moléculas del jabón son **polares**; un extremo de la partícula (molécula) tiene carga positiva, y el otro extremo tiene carga negativa. Como las cargas opuestas se atraen mutuamente, el lado positivo de la partícula de jabón es atraído hacia el lado con carga negativa de las partículas de grasa de la leche. Las partículas de jabón se unen a las partículas de grasa de la leche y empiezan a diseminar las partículas de grasa a su alrededor. Cuando éstas se mueven, mueven el colorante. Este movimiento hace que se mezcle también el colorante con la leche blanca, dando por resultado remolinos de colores.

PROYECTO 3

Escritura mágica

Prueba esta actividad para hacer que un mensaje invisible aparezca de repente.

MATERIALES

$^1/_4$ de taza (65 ml) de jugo de limón

frasco pequeño

aplicador de algodón (hisopo)

hoja de papel blanco

lámpara de buró, con foco

ANTES DE LA FUNCIÓN

1. Pon el jugo de limón en el frasquito.

2. Remoja el aplicador de algodón en el jugo de limón. Úsalo para escribir un mensaje como: "Esta noche, acto de magia" en la hoja de papel.

3. Deja secar el mensaje. No podrás leerlo después de que se haya secado.

¡COMIENZA LA FUNCIÓN!

1. Dile a tu público: "He escrito un mensaje invisible en una hoja de papel." Levanta el papel y di: "Con palabras mágicas especiales voy a revelar el mensaje secreto."

2. Quítale la pantalla a la lámpara y enciéndela.

3. Sostén el mensaje cerca de la lámpara debajo del foco, y di tus palabras mágicas. Observa lo que sucede.

¡CONTINÚA LA DIVERSIÓN!

Intenta hacer esta actividad con otros líquidos como jugo de naranja o vinagre. ¿Funcionan?

EFECTO

El jugo de limón es de un color muy claro y es difícil de ver después de seco. Sin embargo, cuando sostienes el papel cerca del foco, el calor de éste hace que el jugo de limón adquiera un color café ¡y aparece el mensaje oculto!

EXPLICACIÓN

Los jugos de frutas como el limón y muchos otros líquidos como la leche y el agua mineral, contienen átomos de carbono. En el jugo de limón, estos átomos de carbono están unidos o enlazados a otro átomo para formar moléculas que contienen carbono.

Estas moléculas con contenido de carbono son casi incoloras cuando se disuelven en un líquido. Sin embargo, cuando ese líquido se calienta ocurre una reacción química: las moléculas que contienen de carbono se rompen y se separan produciendo, entre otras sustancias, el elemento carbono. (Un **elemento** es una sustancia que no se puede dividir más químicamente.) El carbono es un elemento formado por átomos de carbono que se encuentran en toda la materia viva. Es de color negro o café, y ésta es la razón por la que el jugo de limón toma un color oscuro cuando se calienta. El carbono aparece también cuando tuestas un pedazo de pan, por lo que el pan toma un color oscuro o negro al quemarse.

PROYECTO 4

Acto inicial almidonado

He aquí otra manera de hacer aparecer un mensaje mágico.

MATERIALES

varias hojas de papel periódico

2 hojas de papel blanco

tijeras

almidón en *spray*

2 cucharaditas (10 ml) de solución de tintura de yodo

PRECAUCIÓN: evita tomarla con las manos. Puede mancharte.

1 taza (250 ml) de agua

botella de *spray* vacía

ANTES DE LA FUNCIÓN

1. Cubre con papel periódico tu área de trabajo.

2. Usa una hoja de papel blanco y recorta letras que formen un mensaje secreto, por ejemplo, "¡Función de magia, esta noche!"

3. Pon la segunda hoja de papel blanco sobre los periódicos. Acomoda el mensaje con las letras recortadas en la segunda hoja de papel.

4. Rocía la hoja y las letras con el almidón en *spray*.

5. Quita las letras recortadas. Deja secar la hoja de abajo, esto tardará unos 15 minutos según la cantidad de almidón que utilices. El mensaje estará invisible.

6. Combina la tintura de yodo con el agua en la botella de *spray*. Agita la botella para mezclar la solución.

¡Comienza la función!

1. Dile a tu público que tienes un mensaje mágico en el papel. El mensaje aparecerá con las palabras mágicas correctas.

2. Pega el papel en la pared, con el mensaje hacia afuera y rocíalo con la solución de agua y yodo.

Sugerencias para los trucos de magia científica

Este es un excelente truco de magia que puedes presentar al iniciar el espectáculo. Siempre es buena idea iniciar la función con un truco que al público le sea difícil imaginar.

Prueba escribir tu mensaje mágico en una hoja de papel extra grande. Las palabras "¡Función de magia, esta noche!" dirán a la concurrencia que van a pasar un buen rato.

¡CONTINÚA LA DIVERSIÓN!

Puedes crear ilustraciones que vayan de acuerdo con tu mensaje escrito. Haz un recorte con la forma de copos de nieve, una luna en creciente o una estrella. Ponlo sobre el papel con las letras recortadas antes de aplicarles el almidón.

EFECTO

Cuando rocías el papel con la solución de yodo, tu mensaje aparece en letras blancas sobre un fondo púrpura (morado).

EXPLICACIÓN

El almidón con el que rocías las letras está formado por moléculas de azúcar unidas en una cadena larga. El yodo que usas para hacer que aparezca el mensaje es un elemento constituido por moléculas de yodo. Cuando la solución de yodo toca la parte del papel que tiene el almidón, ocurre una reacción química. Las moléculas de azúcar se combinan con las de yodo y forman unas moléculas complejas de almidón-yodo de color púrpura.

La parte del papel que quedó debajo de las letras estuvo protegida del rocío de almidón, por lo que sigue blanca. El resto del papel donde se roció el almidón toma un color púrpura claro debido a la reacción química del almidón con la solución de yodo.

PROYECTO

¡Que se vuelva color de rosa!

Muchas veces parece que los magos hacen que una sustancia se convierta en otra. ¿Es esto realmente posible? Ensaya esta actividad para aprender la manera de convertir el "agua" en "limonada color de rosa".

MATERIALES

$1/_4$ de taza (65 ml) de alcohol para fricciones (alcohol isopropílico)

frasco pequeño

2 tabletas de goma de mascar Ex Lax® (laxante)

cuchara

dos vasos

1 taza (250 ml) de agua de la llave

5 cucharaditas (25 ml) de amoniaco

PRECAUCIÓN: no bebas ninguno de los líquidos de este experimento.

ANTES DE LA FUNCIÓN

1. Vacía el alcohol en el frasco. Agrega las tabletas de chicle. Deja el frasco reposando durante la noche. Con la cuchara agita la mezcla a la mañana siguiente.

2. Vacía una cucharadita (5 ml) de la mezcla del frasco dentro del primer vaso. Agrega a la mezcla $1/_2$ taza (125 ml) de agua de la llave.

3. Vacía el amoniaco en el segundo vaso. **PRECAUCIÓN: ten cuidado de no derramar amoniaco en tus manos.** Agrega $1/_2$ taza (125 ml) de agua de la llave al amoniaco.

¡COMIENZA LA FUNCIÓN!

1. Dile a tu público que vas a convertir los dos vasos de agua que tienes frente a ti, en limonada color rosa.

2. Di unas cuantas palabras mágicas arriba de los vasos, y vierte en el primer vaso el contenido del segundo. ¡Observa lo que ocurre!

SUGERENCIAS PARA LOS TRUCOS DE MAGIA CIENTÍFICA

Siempre que hagas un truco de magia, acuérdate de hacer una caravana.

Esta es una señal para que la concurrencia aplauda tu actuación.

EFECTO

Bueno, tú *en realidad* no haces limonada color de rosa, pero cuando mezclas los dos líquidos transparentes, toman ese color.

EXPLICACIÓN

El Ex Lax®, al igual que otros laxantes, contiene una sustancia química llamada fenolftaleína, que es soluble en alcohol. Cuando pones la goma laxante en alcohol, se disuelve y forma una solución transparente.

La fenolftaleína es también un **indicador químico**. Éste es una sustancia química que cambia de color cuando se mezcla con ciertas sustancias llamadas ácidos o bases. (Un **ácido** es un tipo de sustancia química que reacciona con una base para formar una sal y agua. Una **base** en una sustancia química que al reaccionar con un ácido forma una sal y agua.) La solución de fenolftaleína y alcohol es **neutra**, lo que significa que no es un ácido ni una base. La fenolftaleína es transparente cuando se mezcla con un ácido o una sustancia neutra. Sin embargo, adquiere un color rosa cuando se mezcla con una base. El amoniaco es una base, por lo que al agregarlo a la solución de fenolftaleína y alcohol, el color de la solución se vuelve rosado.

PROYECTO 6

¡Que se vuelva transparente!

En la actividad anterior hiciste que el "agua" pareciera convertirse en limonada "rosada". En esta actividad trataremos de invertir el proceso.

Materiales

$^1/_4$ de taza de alcohol para fricciones (alcohol isopropílico)
frasco
2 tabletas de goma de mascar Ex Lax® (laxante)
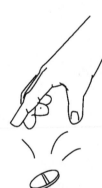
vasos
$^1/_2$ taza (125 ml) de agua de la llave
cuchara
limpiador en polvo para drenajes (sin blanqueador)
1 tableta de Alka-Seltzer®

PELIGRO: *no bebas ninguno de los líquidos de este experimento.*

Antes de la función

1. Vacía el alcohol en el frasco. Agrega las tabletas de goma de mascar. Deja el frasco reposando durante la noche. Con la cuchara agita la mezcla en la mañana.

2. Vierte en el vaso una cucharadita (5 ml) del líquido del frasco. Agrega $^1/_2$ taza (125 ml) de agua de la llave. Vuelve a agitar la mezcla.

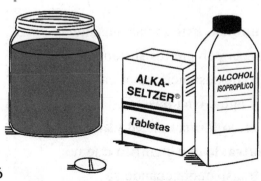

46

¡COMIENZA LA FUNCIÓN!

1. Dile a tu público que vas a convertir el vaso de agua que tienes frente a ti en limonada color de rosa.

2. Di unas cuantas palabras mágicas sobre la solución. Usa la cuchara para agregar a la solución unos cuantos granos de "polvo mágico" (limpiador en polvo para drenajes.) ¿Qué ocurre?

3. Después de que la solución haya cambiado de color dile a la concurrencia: "La limonada color de rosa siempre me da dolor de estómago." Agrega la tableta de Alka-Seltzer® a la solución. ¿Qué ocurre ahora?

EFECTO

Cuando agregas unos cuantos granos de limpiador en polvo para drenajes a la solución de laxante y alcohol, ésta se vuelve rosada. Cuando le agregas el Alka-Seltzer®, la solución vuelve a ser transparente.

EXPLICACIÓN

Como aprendiste en la actividad anterior, la fenolftaleína es cristalina cuando se mezcla con una sustancia ácida o neutra, y rosada cuando se mezcla con bases. El polvo para limpiar drenajes es una base. Cuando agregas limpiador de drenajes a la solución de fenolftaleína y alcohol, ésta se pone rosada.

El Alka-Seltzer® disuelto en agua libera una sustancia química llamada ácido carbónico, que es un ácido débil que normalmente se encuentra en las bebidas gaseosas y que se forma al mezclar el gas bióxido de carbono con agua. Cuando se mezclan un ácido y una base se **neutralizan** mutuamente, lo que significa que ambos se anulan, y forman una solución neutra que no es ácido ni base. Así que cuando mezclas el ácido carbónico del Alka-Seltzer® con el limpiador básico de drenajes, el ácido y la base se neutralizan mutuamente y forman una solución neutra. La fenolftaleína es transparente cuando se mezcla con una solución neutra, así que la solución se hace cristalina.

La magia del agua

Trucos con líquidos

El agua cubre aproximadamente dos terceras partes de la superficie del planeta. El cuerpo humano contiene aproximadamente 65% de agua y una sandía, más de 90%. La humanidad necesita agua para beber, al igual que la mayor parte de los animales. Las plantas necesitan agua en el terreno. El agua es necesaria para que la vida exista tal como la conocemos. Por esas razones, ¡nos parece mágica!

Pero el agua también es especial por otras razones. Las moléculas de agua están hechas de dos átomos de hidrógeno y uno de oxígeno, lo que da la fórmula química H_2O. El agua puede encontrarse en los tres estados de la materia, y en la vida diaria cambia constantemente de forma. El agua líquida se **evapora**, lo que significa que cambia de líquido a gas. El vapor de agua se **condensa**, o sea que cambia de la forma gaseosa a líquida. Cuando se calienta el agua a 100°C (212°F), hierve y se convierte en vapor caliente. A los 0°C (32°F) el agua se congela y se convierte en hielo sólido.

Ensaya algunos de los "trucos con líquidos" de este capítulo para aprender más acerca del agua y algunas de sus otras propiedades especiales.

PROYECTO 1

Duro como roca

Algunas veces no ocurre lo que esperabas. Realiza este truco para engañar a tus amigos.

Nota: esta actividad requiere de la ayuda de un adulto.

MATERIALES

2 tazas (250 ml) de agua en tazas de plástico para microondas
horno de microondas
guantes para horno
ayudante adulto

ANTES DE LA FUNCIÓN

1. Pon una taza de agua en el congelador cuando menos dos días para cerciorarte de que el agua de la taza se haga hielo duro.

2. Coloca las dos tazas de agua en la mesa.

¡COMIENZA LA FUNCIÓN!

1. Elige de entre la concurrencia un adulto para que sea tu ayudante.

2. Pregunta al público: "¿Qué creen ustedes que sucedería si pongo en el horno de microondas una taza de agua y un bloque de hielo del mismo tamaño durante dos minutos? Probablemente van a decirte que el hielo se derretirá y el agua se calentará más.

3. Pon ambas tazas en el microondas.

4. Programa el microondas en temperatura máxima durante 2 minutos y ponlo a funcionar de inmediato.

5. Después de los dos minutos, haz que tu ayudante adulto se ponga los guantes para horno y saque de ahí las dos tazas.

SUGERENCIAS PARA LOS TRUCOS DE MAGIA CIENTÍFICA

Para que trabajes mejor, la taza del hielo debe estar bien congelada. Usa un congelador "independiente", si lo tienes, ya que generalmente son más fríos que el congelador de un refrigerador.

EFECTO

La taza de hielo permanecerá congelada mientras que la de agua estará casi hirviendo.

EXPLICACIÓN

Cuando el agua está en su estado sólido –hielo–, las moléculas de agua se juntan y comprimen. Estas moléculas comprimidas vibran. Cuando el agua está en su estado líquido no sólo vibran, sino que giran también. Conforme el agua se sigue calentando, se mueven aún más y comienzan a chocar unas con otras.

Un horno de microondas calienta los alimentos al acelerar la rotación y el movimiento de sus moléculas. Sin embargo, el efecto de las microondas es poco sobre las moléculas que sólo vibran. Así que cuando tanto el hielo como el agua se encuentran en el microondas, éste aumenta la temperatura del agua pero casi no tiene ningún efecto sobre el hielo.

Si pones el hielo en el microondas por un tiempo más prolongado, el hielo empezará a derretirse y se convertirá en agua, pero no debido a las microondas sino por el calor en el ambiente. Como las microondas afectan al agua, las pequeñas cantidades de agua derretida se calentarán y derretirán el hielo que les quede cerca. Este proceso continuará y tarde o temprano se derretirá el hielo que está en el microondas.

Esta es la manera como se puede usar el microondas para descongelar los alimentos. Se programa el microondas a una temperatura más baja. El calor del lugar hace que parte de los alimentos se deshielen y cambien de hielo sólido al estado líquido. El líquido se calienta por las microondas y calienta los alimentos congelados que están cerca. Este proceso gradual continúa hasta que los alimentos se descongelan. Generalmente en este procedimiento se sobrecalientan los bordes exteriores de los alimentos y se cuecen antes que las partes interiores de los mismos.

2 ¡Fuera manos!

Si alguien te pidiera que levantaras un cubo de hielo sería fácil hacerlo. Puedes agarrarlo con los dedos y levantarlo. Pero en caso de que te pidieran levantarlo sin usar los dedos, ¿qué harías? Prueba este truco para saber cómo.

MATERIALES

2 cubos de hielo

toalla de papel

tramo de cuerda de 30 cm (1 pie) de largo

salero

cubeta de hielo (aislada)

reloj con segundero

ayudante

ANTES DE LA FUNCIÓN

1. Haz cubos de hielo en tu congelador con varios días de anticipación y ponlos en la cubeta justo antes del espectáculo de magia.

2. Pon la toalla de papel en la mesa y, cerca de la cuerda, la cubeta de hielo y el salero.

¡COMIENZA LA FUNCIÓN!

1. Elige como tu ayudante a un miembro de la concurrencia. Toma un cubo de hielo y ponlo sobre la toalla de papel. Pídele a tu ayudante que la levante. Él podrá hacerlo sin mucha dificultad.

2. Después, indícale a tu ayudante que levante el cubo de hielo sin tocarlo. Dile: "Usa la cuerda si crees que te puede ayudar." Después de que tu ayudante decida que no puede levantarlo sin tocarlo, es tu turno para demostrar que sí se puede y cómo.

3. Toma el otro cubo de hielo de la cubeta y ponlo sobre la toalla de papel.

4. Pon la cuerda encima del cubo de hielo.

5. Espolvorea sal sobre el cubo de hielo.

6. Espera un minuto más o menos y levanta la cuerda.

Sugerencias para los trucos de magia científica

Es buena técnica elegir como ayudantes a personas del público. Ellos estarán más cerca de la acción, y tú te sentirás mejor haciendo los trucos con alguien parado junto a ti.

Frecuentemente, como en este caso, el ayudante tiene la oportunidad de intentar hacer el truco delante de ti. No puede hacerlo, y así la concurrencia se sorprende aún más cuando tú lo haces.

Efecto

Cuando tu ayudante trata de levantar el cubo de hielo sin usar sus manos no puede hacerlo. Sin embargo, cuando tu levantas la cuerda el hielo está pegado a ella.

Explicación

A la temperatura de 0ºC (32º F) el agua en estado líquido se congela y se convierte en hielo, pero si agregas otra sustancia, la temperatura tiene que ser más baja para que el agua se congele. El agua es una molécula polar (en un lado tiene carga positiva y en el otro, negativa). Cuando se congela el agua, sus moléculas se aproximan más, ya que el lado positivo de una molécula de agua atrae al lado negativo de otra molécula. Si se agrega sal al hielo, las moléculas de sal –que también contienen partículas positivas y negativas– son igualmente atraídas hacia las moléculas de agua con carga contraria del hielo. Éste empieza a derretirse y a hacerse líquido, pero el resto del cubo de hielo sigue congelado. Cuando añades la cuerda y esperas un minuto, el agua vuelve a congelarse alrededor de la cuerda. Cuando la levantas, el cubo de hielo está adherido a ella.

En los lugares donde hay hielo y nieve en el invierno, se pone sal en los caminos, pues eso baja la temperatura a la que el agua se convierte en hielo. Cuando cae agua en el camino, sigue siendo agua y no se convierte en hielo.

PROYECTO El buzo obediente

Un buen mago puede hacer que los objetos obedezcan sus órdenes sin necesidad de tocarlos. Construye este dispositivo para hacer que un gotero para los ojos obedezca tu orden.

MATERIALES

gotero de bulbo
vaso de plástico
agua de la llave
botella desechable de refresco de 2 litros
($^1/_2$ galón) con tapa de rosca
(vacía y limpia)

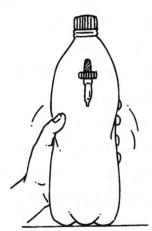

ANTES DE LA FUNCIÓN

1. Pon el gotero dentro del vaso de agua para cerciorarte de que flota. Aprieta el bulbo de goma del gotero, de manera que entre un poquito de agua. Si aún flota agrégale más agua. Si se hunde saca parte del agua. Sigue absorbiendo y sacando agua hasta que el gotero apenas flote en la superficie.

2. Llena de agua la botella hasta el tope. Cerciórate de que no haya burbujas de aire atrapadas dentro de la botella.

3. Transfiere el gotero a la botella. Cierra y aprieta la tapa.

¡Comienza la función!

1. Dile al público: "Con mis poderes mágicos puedo hacer que el gotero que está dentro de la botella obedezca mi orden sin tocarlo."

2. Di algunas palabras mágicas y aprieta suavemente la botella. ¿Qué ocurre? Di otras palabras mágicas y afloja la fuerza del apretón a la botella. ¿Qué sucede?

Efecto

Cuando aprietas la botella cae el gotero, y vuelve a subir cuando aflojas la mano.

Explicación

El agua está hecha de moléculas en movimiento continuo que pasan y se mueven unas alrededor de otras. Este movimiento produce una presión que se llama **presión del agua**. Cuando aprietas la botella se comprimen las moléculas de agua o se acercan más unas a otras. La presión del agua dentro de la botella (inclusive la presión dentro del gotero) aumenta a medida que aprietas la botella y empujas el aire dentro del gotero. En realidad puedes ver que sube el nivel del agua dentro del gotero. A medida que aumenta el nivel de agua dentro del gotero comprime el aire que está dentro de éste, en un espacio menor. Este aumento en la presión del agua aumenta la densidad del gotero y del agua que lleva dentro, con respecto al agua que los rodea, y el gotero se hunde.

Cuando aflojas la mano, disminuye la presión en el interior de la botella. Dentro del gotero el aire regresa a su nivel anterior. El gotero se hace menos pesado que el agua que lo rodea y comienza a subir. Este dispositivo se llama **buzo cartesiano** en honor a René Descartes, matemático francés del siglo dieciséis.

PROYECTO 4

El clip flotador

Un mago hace cosas que parecen imposibles, pero ¿puede hacer que flote un objeto de metal? Revisa este truco y aprende cómo se hace.

MATERIALES

vaso

agua de la llave

2 clips

toalla de papel

ANTES DE LA FUNCIÓN

1. Llena de agua el vaso.

2. Desdobla uno de los clips para crear un gancho con superficie plana, como se muestra en la figura.

¡COMIENZA LA FUNCIÓN!

1. Dile a la concurrencia: "Todos sabemos que los clips no flotan." Para comprobarlo deja caer un clip en el vaso con agua.

2. Saca el clip del vaso y sécalo. Después dile a la concurrencia que vas a hacer flotar ese clip.

3. Di unas cuantas palabras mágicas al clip. Ponlo sobre la superficie plana del gancho que hiciste con el otro clip. Mantelo en posición horizontal arriba del agua pero sin tocarla.

4. Baja el clip lentamente dentro del agua.

Si el clip no flota sobre la superficie del agua, prueba frotándolo contra una vela antes de bajarlo al agua.

¡CONTINÚA LA DIVERSIÓN!

Intenta hacer flotar en el agua otros objetos metálicos. ¿Puedes hacer flotar una aguja de coser en el agua?

EFECTO

El clip flota en el agua.

EXPLICACIÓN

El clip flota en la superficie del agua debido a una propiedad especial del agua llamada **tensión superficial**. Las moléculas del agua son polares. La parte positiva de una molécula es atraída por la parte negativa de otra. Cada molécula de agua es atraída en todas direcciones hacia las moléculas de agua que la rodean.

Sin embargo, las moléculas de agua de la superficie no tienen otras moléculas arriba de ellas, por lo que sólo son atraídas por las que están a los lados y debajo de ellas. Esta atracción produce una tensión como una piel delgada sobre la superficie del agua. La tensión superficial del agua es suficientemente fuerte para soportar el clip.

Es importante tener el clip horizontal y bajarlo suavemente si quieres que flote. Si el clip golpea la superficie en un ángulo o con mucha fuerza, se rompe la tensión superficial y el clip no podrá flotar en el agua.

PROYECTO

La pimienta miedosa

Prueba esta actividad para hacer que la pimienta se mueva sin tocarla.

MATERIALES

1 taza (250 ml) de agua fría de la llave

charola para hornear galletas

regla

pimentero de mesa

barra de jabón

ANTES DE LA FUNCIÓN

1. Vacía el agua en la charola. El agua debe tener una profundidad de aproximadamente 1.5 cm ($^1/_2$ pulgada).

2. Deja quieta la charola hasta que ya no se mueva el agua.

¡COMIENZA LA FUNCIÓN!

1. Dile a la concurrencia: "Es hora de que mi pimienta se dé un baño (la pimienta educada debe bañarse cuando menos una vez a la semana). El problema es que mi pimienta tiene miedo al jabón. Déjenme demostrarles lo que quiero decir".

2. Rocía pimienta sobre la superficie del agua. Usa una cantidad suficiente de pimienta para cubrir toda la superficie del agua.

3. Con la barra de jabón toca el centro del agua. Observa lo que ocurre.

¡CONTINÚA LA DIVERSIÓN!

Intenta realizar esta actividad con un tramo de cuerda en vez de la pimienta. Amarra los extremos de la cuerda con un nudo para formar un lazo. Haz flotar la cuerda en el centro de la superficie del agua. Pon el jabón en el agua por dentro del lazo de cuerda. Observa lo que ocurre.

EFECTO

Cuando llega la barra de jabón al centro del agua, la pimienta se mueve hacia el exterior de la charola.

EXPLICACIÓN

El jabón puede romper la tensión superficial del agua. Cuando se pone en contacto con el agua, se disuelve parte del jabón y se mezcla con el agua. Las moléculas del jabón se meten entre las de agua y disminuye la atracción que tienen entre sí. El jabón rompe la tensión superficial del agua en el área de contacto. La tensión del resto de la superficie del agua jala la pimienta que está flotando hacia los lados de la charola, lejos del jabón.

En la actividad "Continúa la diversión", la cuerda se mueve hacia fuera y forma un círculo. Esto ocurre porque el jabón rompe la tensión superficial del agua dentro del lazo. Entonces la cuerda es jalada hacia fuera por la fuerza tensión superficial fuera del círculo.

PROYECTO

6 Tela hermética

Es fácil entender cómo un frasco puede contener el agua. Pero, ¿puede hacerlo un pedazo de tela? Descúbrelo en esta actividad.

MATERIALES

pieza cuadrada de manta de cielo de 15 x 15 cm (6 x 6 pulgadas)

vaso

liga

jarra con agua de la llave

tina de plástico o charola para hornear

ANTES DE LA FUNCIÓN

Pon todos los materiales en una mesa frente a ti.

¡COMIENZA LA FUNCIÓN!

1. Dile a la concurrencia: "Tengo una tela mágica que sólo deja pasar el agua en una dirección."

2. Pon la tela sobre la boca del vaso.

3. Coloca la liga alrededor de la tela y el vaso para fijar la tela en su lugar. Sujeta las orillas de la tela contra el exterior del vaso.

4. Vacía el agua de la llave a través de la tela para llenar el vaso hasta el tope.

5. Sujeta con una mano el vaso y las orillas de la tela, y pon tu otra mano sobre la boca del vaso.

6. Voltea el vaso de cabeza sobre la tina de plástico o charola para hornear.

7. Di unas cuantas palabras mágicas y quita lentamente tu mano de la boca del vaso. ¿Qué ocurre?

SUGERENCIAS PARA LOS TRUCOS DE MAGIA CIENTÍFICA

Este truco funciona mejor si el vaso está lleno de agua hasta el tope. Si tienes problemas para hacer que el agua permanezca en el vaso, remoja la tela en agua antes de ponerla en la boca del vaso.

vaso

manta de cielo

liga

Prueba con otras clases de tela para ver si funcionan igual de bien.

EFECTO

Cuando volteas el vaso hay un poco de goteo, pero finalmente se detiene. La tela impide que el agua fluya fuera del vaso.

EXPLICACIÓN

Este truco funciona en parte debido a la tensión superficial que es la tendencia de las moléculas a juntarse en la superficie de un líquido y formar una película como piel. Los agujeros de la tela se llenan de agua y se sellan debido a la tensión superficial del agua.

Además, el aire –al igual que el agua– contiene moléculas. Estas moléculas de aire están siempre en movimiento y crean una presión constante que se llama **presión del aire**. Cuando pones de cabeza el vaso, no queda aire en él, por lo que no hay presión del aire dentro. La presión del aire fuera del vaso contra la tela es mayor que la presión del agua dentro de éste contra la tela. La presión del agua dentro del vaso contra la tela es causada por la **gravedad** terrestre sobre el agua. La gravedad es la fuerza de atracción entre dos objetos debido a sus masas. La combinación de la presión del aire contra la tela y la tensión superficial del agua permiten que la tela retenga el agua.

PROYECTO 7

Manos calientes

Todos hemos visto el agua hirviendo, pero ¿puedes hacer que con el calor de un dedo tuyo hierva? Realiza esta actividad para averiguarlo.

MATERIALES

pieza cuadrada de manta de cielo de 15 x 15 cm (6 x 6 pulgadas)

vaso

liga

jarra con agua de la llave

tina de plástico o charola para hornear

ayudante

ANTES DE LA FUNCIÓN

1. Pon la manta de cielo encima del vaso asegurándola con la liga, como se ve en la figura.

2. Empuja ligeramente hacia abajo la tela dentro de la boca del vaso para que no esté muy estirada.

¡COMIENZA LA FUNCIÓN!

1. Dile a la concurrencia: "En el truco anterior les mostré cómo la tela puede retener el agua para que no fluya fuera del vaso. ¡Ahora voy a usar el calor de uno de sus dedos para hacer que hierva el agua!

2. Pídele a alguien de la concurrencia que sea tu ayudante.

3. Vacía agua de la llave en el vaso a través de la tela hasta que esté completamente lleno.

4. Sujeta el vaso y las orillas de la tela con una mano, y pon la otra sobre la boca del vaso.

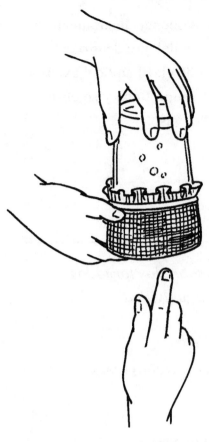

5. Voltea el vaso y ponlo de cabeza sobre la tina; quita la mano de la boca del vaso.

6. Haz que tu ayudante ponga un dedo cerca de la tela debajo del vaso. Al principio no sucederá nada. Dile a tu ayudante: "Tu dedo no está bastante caliente. Frótalo con la palma de tu otra mano para calentarlo más".

7. Después de que tu ayudante frote el dedo en la palma, haz que otra vez ponga el dedo cerca de la tela bajo el vaso.

8. Coloca tu mano libre sobre el fondo del vaso y empújalo suavemente mientras jalas la tela con la mano con que detienes el vaso.

SUGERENCIAS PARA LOS TRUCOS DE MAGIA CIENTÍFICA

Haz este truco inmediatamente después del de la tela hermética.

EFECTO

Cuando tu ayudante ponga un dedo caliente bajo la tela y tú empujes el fondo del vaso mientras tiras de la tela empiezan a moverse unas burbujas hacia arriba en toda el agua.

EXPLICACIÓN

Como aprendiste en "Tela hermética", la tensión superficial y la presión del aire mantienen el agua dentro del vaso, aun después de ponerlo de cabeza.

En este truco no llenaste totalmente el vaso. Cuando deslizas la tela ligeramente hacia abajo dentro de la boca del vaso, a fin de que no se estire demasiado, disminuye el volumen de agua del vaso; cuando empujas el fondo de éste mientras tiras de la tela aumentas ligeramente su volumen. El aumento de volumen reduce la presión del aire dentro del vaso en comparación con la presión del aire fuera de él. El aire del exterior es forzado a través de la tela a pesar de la tensión superficial y se observa en forma de burbujas de aire que suben dentro del vaso.

PROYECTO

¡Tornados!

Es posible que hayas visto alguna película sobre los tornados. ¿Sabías que puedes hacer uno? Realiza esta actividad.

MATERIALES

2 botellas desechables de refresco de 2 litros ($^1/_2$ galón) (vacías y limpias)

agua de la llave

1 arandela (rondana) de metal de 2.5 cm (1 pulgada)

cinta de aislar

ANTES DE LA FUNCIÓN

1. Coloca agua en una botella hasta las dos terceras partes de su capacidad.

2. Pon la rondana de metal sobre la abertura de esa botella.

3. Pon de cabeza la segunda botella y colócala sobre la rondana.

4. Usa la cinta para mantener juntos los dos envases. Usa varias capas de cinta para estar seguro de que no haya filtraciones de agua cuando inviertas la posición de las botellas.

¡COMIENZA LA FUNCIÓN!

1. Dile a tu público que vas a hacer un tornado.

2. Voltea las botellas de manera que la que tiene agua quede arriba.

rondana
cinta de aislar

3. Pon las botellas sobre la mesa. Comenzará a gotear agua de la botella de arriba a la de abajo. Dile a la concurrencia: "Se me olvidó algo importante; todos los tornados necesitan un poco de viento para empezar."

4. Haz un ruido de viento. Sujeta con firmeza las botellas y muévelas con rapidez, horizontalmente en un pequeño círculo. Observa lo que ocurre.

SUGERENCIAS PARA LOS TRUCOS DE MAGIA CIENTÍFICA

Otra manera de presentar un truco es hacer participar al público en el truco que estás por hacer. Antes de empezar, pregunta si alguien de la concurrencia ha visto un tornado ya sea en película o en la realidad.

Si alguien dice que sí, haz que les cuente a los demás algo sobre el tornado. Probablemente esa persona les contará sobre los remolinos que forma el tornado. Puedes usar esa descripción para hablar del tornado que haces en este truco.

EFECTO

El agua girará en un círculo mientras se mueve de la botella de arriba a la de abajo.

EXPLICACIÓN

En esta actividad trabajan dos fuerzas (una **fuerza** es algo que modifica la forma o el movimiento de algo). La gravedad es una fuerza, la fuerza de atracción entre todos los objetos. La gravedad atrae todo, inclusive el agua, hacia la Tierra. La gravedad jala el agua de la botella de arriba hacia la de abajo, pero no basta con la gravedad para crear el efecto de tornado. El aire de la botella de abajo también ejerce una fuerza. Cuando volteas por primera vez las botellas, empieza a fluir el agua de la botella de arriba hacia la de abajo, pero luego se detiene. La fuerza o presión del aire que se encuentra en el fondo de la botella detiene el flujo del agua.

Cuando arremolinas las botellas se forma un pequeño tornado. En el centro del tornado hay un agujero. Éste va de la superficie del agua a la abertura que hay entre las botellas. El agujero permite que el aire de la botella de abajo escape hacia la de arriba al mover el agua. Cuando el aire se escapa de la botella de abajo, se iguala la presión de las dos botellas. Entonces, la gravedad es la única fuerza que actúa sobre el agua.

Cuando el agua está en la botella de arriba tiene energía potencial. La **energía potencial** es la que se almacena para ser usada después. Cuando arremolinas las botellas, le das movimiento al agua, o sea energía cinética. La **energía cinética** es aquella que se está usando. Cuando el agua se arremolina de la botella de arriba a la de abajo cambia su energía potencial a energía cinética. El movimiento del agua de la botella de arriba a la de abajo ayuda a mantener el agua girando en el efecto de tornado.

El lápiz roto

En las actividades anteriores has usado agua para realizar algunos trucos sorprendentes. En esta actividad utilizarás luz y agua para crear una ilusión interesante.

MATERIALES

vaso

agua de la llave

lápiz

ANTES DE LA FUNCIÓN

1. Llena el vaso de agua hasta $^2/_3$ de su capacidad.

2. Pon el vaso y el lápiz en la mesa.

¡COMIENZA LA FUNCIÓN!

1. Sostén el lápiz frente a ti. Dile a la concurrencia: "Voy a romper el lápiz sin más que hundirlo en el vaso con agua."

2. Pon el lápiz vertical en el vaso de manera que la punta quede a la mitad entre la superficie de agua y el fondo del vaso.

3. Mantén el lápiz cerca de la parte trasera del vaso, lejos del público.

4. Mueve el lápiz de atrás para adelante en el agua, manteniéndolo recto. Pregúntales que ven.

5. Saca el lápiz del agua.

EFECTO

A la concurrencia le parecerá que el lápiz está roto. La parte que no está dentro del agua parece estar en un lugar, mientras que la parte que está dentro parece estar ligeramente separada en una u otra dirección.

EXPLICACIÓN

Este truco funciona debido
a la **refracción**. La luz
viaja en línea recta, pero
cuando viaja de una sustancia
transparente a otra los
rayos se doblan. Esta es la
refracción. Cuando la
luz viaja de una
sustancia transparente
más densa, como el agua, a una
sustancia menos densa, como

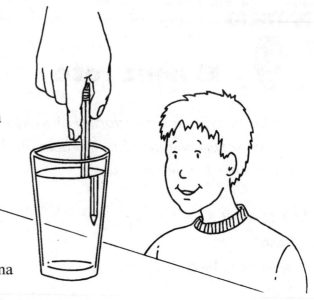

el aire, la luz se refracta o se dobla notablemente. La luz viaja a diferentes
velocidades en sustancias con diferente densidad.

A la concurrencia le parece que la luz reflejada desde el lápiz está en un
lugar cuando viaja hacia sus ojos a través del aire, y en otro lugar cuando
se refracta a través del agua.

PROYECTO
10 ¡Desaparece!

*Esta es otra actividad que usa luz y agua para producir un efecto
que confunde los sentidos.*

MATERIALES

1 frasco de 1 litro (1 cuarto de galón) con tapa
agua de la llave
moneda
ayudante

ANTES DE LA FUNCIÓN

1. Llena el frasco con agua de la llave.

2. Ponlo junto con la moneda sobre la mesa, frente a ti.

¡COMIENZA LA FUNCIÓN!

1. Pide a una persona del público que sea tu ayudante.

2. Pídele que tome la moneda y se cerciore de que efectivamente es una moneda y vea que no haya nada extraño en ella.

3. Haz que tu ayudante ponga la moneda sobre la mesa. Pregúntale: "¿Puedes verla?" (El ayudante contestará que sí.)

4. Pon el frasco lleno de agua encima de la moneda.

5. Di unas cuantas palabras mágicas, como: "Moneda mágica, aquí estás. Moneda mágica desaparece."

6. Pídele a tu ayudante que vea a través del agua, desde un lado del frasco si la moneda ha desaparecido o sigue allí. ¿Cuál es su respuesta?

SUGERENCIAS PARA LOS TRUCOS DE MAGIA CIENTÍFICA

Puedes hacer este truco aún mejor. Después de que tu ayudante no pueda ver la moneda, haz que aparezca. Di algunas palabras mágicas como: "Moneda mágica no estás. Moneda mágica regresa". Quita entonces el frasco y allí está.

EFECTO

Cuando pones sobre la moneda el frasco lleno de agua parece que la moneda desaparece. Tu ayudante no la verá.

EXPLICACIÓN

Cuando la luz viaja desde una sustancia menos densa, como el aire, a una sustancia más densa, como el agua, la luz se refracta o cambia de dirección en el límite de las dos sustancias. Al viajar del aire al agua, la luz se dobla hacia la **normal**, que es una línea perpendicular a la superficie. Al viajar del agua al aire, la luz se dobla en dirección opuesta, lejos de la normal.

El truco funciona porque a determinado ángulo, cuando la luz viaja de una sustancia más densa (agua) a una menos densa (aire), ya no refracta, sino refleja. La **reflexión** es el rebote de regreso de la luz desde una superficie. Cuando la imagen de una moneda viene hacia la superficie lateral del frasco en un ángulo demasiado grande, ocurre la reflexión más que la refracción y la imagen no puede verse desde fuera del frasco.

rayo de luz
de la moneda

moneda debajo del frasco

La magia del aire

Trabajos bajo presión

E l aire que nos rodea es un gas. Los gases y los líquidos se consideran fluidos. Los **fluidos** son sustancias que fluyen y pueden cambiar de forma fácilmente. El aire contiene moléculas que se mueven libremente, lo que permite al aire cambiar de forma para adaptarse a cierto espacio. El movimiento de las moléculas de aire crea una presión constante llamada presión del aire.

No podemos ver el aire, pero sabemos que está allí por lo que hace. Sentimos el viento en nuestros cuerpos y lo vemos soplar por entre los árboles.

Para aprender más sobre la manera como los magos usan el aire y la presión del aire para algunos de sus trucos, realiza las actividades de este capítulo.

PROYECTO 1

Mantenerse seco

El aire se puede usar en muchos trucos de magia. Realiza esta actividad para aprender una manera de asombrar a la concurrencia.

MATERIALES

toalla de papel

vaso

tina o cubeta de plástico con suficiente agua de la llave para cubrir la altura del vaso.

ANTES DE LA FUNCIÓN

Pon los materiales en la mesa.

¡COMIENZA LA FUNCIÓN!

1. Dile a la concurrencia: "Tengo poderes especiales para mantener seco un pedazo de papel."

2. Arruga la toalla de papel y ponla en el fondo del vaso.

3. Pon el vaso de cabeza y cerciórate de que el papel vaya a permanecer en su lugar en el fondo del vaso.

4. Di unas cuantas palabras mágicas sobre el vaso, como: "Fuerza mágica protege a este papel del agua." Baja entonces lentamente el vaso volteado dentro de la cubeta de agua. Mantén el vaso lo más recto posible arriba y abajo hasta que está bajo el agua.

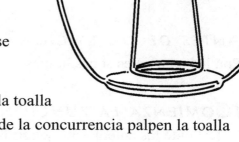

5. Saca el vaso del agua y deja que se escurra.

6. Voltea el vaso boca arriba y saca la toalla de papel. Permite que miembros de la concurrencia palpen la toalla y determinen si está mojada o seca.

EFECTO

La concurrencia descubre que la toalla de papel está seca.

EXPLICACIÓN

El aire ocupa espacio. El vaso se llena de aire cuando está boca arriba o de cabeza. Cuando lo volteas y lo metes lentamente en el agua, el aire permanece dentro del vaso. El agua no puede entrar al vaso debido al aire que éste tiene adentro. El aire crea una presión mayor a la del agua que trata de entrar. La toalla en la parte alta permanece seca. Si inclinaras el vaso de lado en el agua, el aire saldría del vaso en forma de burbujas. Entonces el agua podría entrar al vaso.

PROYECTO

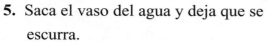

2 **Aire gordo**

El aire que respiramos nos mantiene vivos. Si eso no fuera suficientemente mágico, prueba esta actividad para ver cómo puede ayudarnos el aire a hacer más magia.

MATERIALES

anteojos o gafas de seguridad *(goggles)*

vara de madera de pino de 2.5 x 60 cm con 3 mm de espesor
($^1/_4$ x 1 x 24 pulgadas) (que se puede comprar en cualquier
maderería)

hoja de papel periódico

regla

ANTES DE LA FUNCIÓN

Pon los materiales sobre la mesa.

¡COMIENZA LA FUNCIÓN!

1. Ponte los anteojos de seguridad. Dile a la concurrencia: "En el
   mundo hay dos clases de aire: uno flaco y otro gordo. Voy a usar el
   gordo para que me ayude a hacer un truco de magia."

2. Pon la vara sobre la mesa, de manera que sobresalga unos 15 cm
   (6 pulgadas) de la superficie de la mesa.

3. Di: "Aire gordo, siéntate en la vara de pino." Golpea la parte de la
   vara que sobresale de la mesa. La vara saltará en el aire.

4. Dile a la concurrencia que el aire flaco debe haberse posado en la vara. Vuelve a poner la vara sobre la orilla como hiciste en el paso número 2.

5. Tiende la hoja de papel periódico sobre la vara como se ve en la figura con la vara centrada bajo el periódico. Aplasta el papel de manera que no quede aire entre él y la mesa.

6. Vuelve a decir: "Aire gordo, siéntate en la vara." Con la orilla de la palma de tu mano golpea la parte de la vara que sobresale.

EFECTO

La primera vez que golpeas la vara, ésta salta. Pero al golpearla cuando tiene el periódico encima, la vara se quiebra.

EXPLICACIÓN

Cuando aplastas el papel empujas hacia fuera casi todo el aire que tiene abajo. Sin embargo, la gran cantidad de aire que está arriba del periódico lo empuja hacia abajo con una gran presión. Cuando golpeas la vara, ésta se rompe porque la fuerza de la presión del aire sobre el periódico evita que se mueva hacia arriba en respuesta a la fuerza que ejerce.

PROYECTO

No molestar

¿Tiene fuerza suficiente la presión del aire para mantener el agua dentro de un vaso cuando lo pones de cabeza? Descúbrelo en esta actividad.

MATERIALES

tijeras

cartulina

regla

vaso

marcador con punta de fieltro

tina de plástico o charola para hornear

jarra con agua de la llave

ANTES DE LA FUNCIÓN

1. Con las tijeras corta un cuadrado de cartulina de 2.5 cm (1 pulgada) más grande que la boca del vaso por todos lados.

2. Con el marcador escribe en la cartulina "No molestar".

3. Pon sobre la mesa la tina de plástico, el vaso, la jarra de agua y el pedazo de cartulina.

¡COMIENZA LA FUNCIÓN!

1. Dile a tu público que basta con un pedazo de cartulina delgada para mantener el agua dentro de un vaso volteado de cabeza.

2. Llena completamente el vaso de agua.

3. Pon la cartulina sobre la boca del vaso de manera que lo escrito quede arriba.

4. Pon una mano encima de la cartulina y pon de cabeza el vaso sobre la tina mientras sostienes la cartulina en su lugar.

5. Di unas cuantas palabras mágicas y quita lentamente la mano con que mantienes en su lugar la cartulina.

SUGERENCIAS PARA LOS TRUCOS DE MAGIA CIENTÍFICA

La mano con que sujetas la cartulina debe estar seca para que cuando la quites no se pegue.

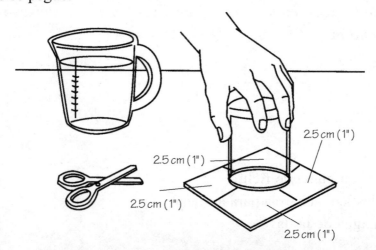

2.5 cm (1") 2.5 cm (1") 2.5 cm (1") 2.5 cm (1")

¡CONTINÚA LA DIVERSIÓN!

Intenta esta actividad con diferentes cantidades de agua en el vaso o con diferentes clases de cartón u otro material que mantenga el agua en el vaso. ¿Funcionará con el vaso a la mitad o tres cuartas partes de agua o con un cuadrado de plástico delgado en vez de cartulina?

EFECTO

Cuando quitas la mano de la cartulina el agua permanece en el vaso y no se derrama.

EXPLICACIÓN

El truco funciona debido a la tensión superficial, que es la tendencia de las moléculas a aglomerarse en la superficie de un líquido para formar una película como piel. La tensión superficial del agua sella el área entre la cartulina y el vaso, lo que hace que ésta se adhiera al vaso, pero esto no es lo único que mantiene el agua dentro del vaso.

El vaso puesto de cabeza retiene el agua porque la presión del aire fuera del vaso empuja la cartulina. La presión del aire contra la cartulina es mayor que la presión del agua dentro del vaso, por lo que el agua no puede salir. La presión de ésta dentro del vaso es motivada por la gravedad que jala el agua hacia la Tierra.

Si intentaste lo señalado en "¡Continúa la diversión!", encontrarás que el truco funciona aún si el vaso está a la mitad. La fuerza del aire fuera del vaso contra la cartulina es mayor que la presión dentro del vaso y el agua no puede salirse.

4 La taza pegajosa

Realiza esta actividad para aprender a usar la presión del aire para hacer que los objetos se peguen unos a otros.

MATERIALES

2 globos grandes

2 tazas de plástico de 250 ml

ayudante

ANTES DE LA FUNCIÓN

Pon los materiales en la mesa antes de iniciar el truco.

¡COMIENZA LA FUNCIÓN!

1. Elige a alguien de la concurrencia para que sea tu ayudante.

2. Dale a tu ayudante un globo y una taza y quédate con el otro globo y taza.

3. Pide a tu ayudante que infle el globo aproximadamente a la mitad, que tuerza el extremo y lo mantenga cerrado de manera que no pueda escaparse el aire.

4. Pídele a tu ayudante que trate de pegar la taza al globo. Cuando no pueda hacerlo es tu turno.

5. Infla tu globo hasta aproximadamente una tercera parte. Sujeta tu taza contra el globo.

6. Con la taza en su lugar, sigue inflando el globo hasta cuando menos dos terceras partes de su tamaño máximo. Suelta la taza.

SUGERENCIAS PARA LOS TRUCOS DE MAGIA CIENTÍFICA

Muestra a la concurrencia que la taza no está pegada con goma al globo dejando salir el aire. La taza se desprenderá.

Trata de pegar dos tazas al globo al mismo tiempo. Esto requiere cierta práctica y el auxilio de un ayudante. Haz que tu ayudante sujete dos tazas contra el globo e infla éste como hiciste antes.

EFECTO

Cuando inflas el globo, la taza se pega a un lado.

EXPLICACIÓN

Cuando sujetas la taza al globo y lo inflas, éste se achata en la parte que queda en la boca de la taza. Cuando el globo se achata aumenta ligeramente el volumen de aire en la taza, lo que significa que hay un poco más de espacio disponible en la taza. Sin embargo no cambia el número de moléculas de aire, por lo que hay menos presión de aire dentro de la taza. La presión del aire en la taza es menor que afuera. La diferencia de esta presión dentro y fuera de la taza la mantiene en su lugar.

PROYECTO

El embudo renuente

¿Puede un embudo "negarse" a dejar pasar agua a una botella? Compruébalo en esta actividad.

MATERIALES

2 embudos

2 botellas idénticas de plástico de 1 litro (1 cuarto de galón) (limpias y secas)

plastilina

jarra con agua de la llave

ANTES DE LA FUNCIÓN

1. Coloca un embudo en la boca de cada botella.

2. Sella con plastilina toda el área que circunda el embudo en una de las botellas.

¡COMIENZA LA FUNCIÓN!

1. Dile al público: "Tengo un embudo mágico que se niega a dejar entrar el agua en la botella."

2. Toma la botella sin plastilina y vierte en el embudo un poco de agua. Dile a la ocurrencia: "Ésta es la manera como deben actuar la mayoría de los embudos."

embudo lleno de agua

sello de plastilina

3. Pon en la mesa la botella con plastilina.

4. Llena con agua el embudo hasta el tope. Observa lo que ocurre.

EFECTO

Una pequeña cantidad de agua del embudo goteará dentro de la botella y cesará el flujo de agua.

EXPLICACIÓN

Éste es otro ejemplo de la fuerza de la presión del aire. La primera botella permite la entrada de agua. Cuando el agua se vierte en ella a través del embudo, el agua reemplaza al aire de la botella y éste sale de ella por la abertura de arriba. La botella sellada con el embudo está llena de aire que tiene presión. El agua del embudo tiene presión también, causada por la fuerza de gravedad que la jala hacia abajo. Sin embargo, la fuerza de la presión del aire en la botella es mayor que la fuerza de gravedad del agua. Por lo tanto, el agua no puede entrar en la botella.

Si hay un agujerito en la botella o en el sello de plastilina, el aire de la primera puede escapar. Esto hace disminuir la presión del aire dentro de la botella y puede entrar agua en ella.

PROYECTO
 6 **¡El triturador!**

Como has visto en actividades anteriores los magos pueden hacer trucos extraordinarios con la presión de aire. Ensaya esta actividad para ver cómo la presión del aire puede triturar una lata.

Nota: para esta actividad se necesita una estufa o una parrilla.

MATERIALES

molde para pastel

agua de la llave

regla

estufa o parrilla (sólo deberá usarla un ayudante adulto)

lata de refresco vacía

tenaza

ayudante adulto

ANTES DE LA FUNCIÓN

1. Llena el molde con aproximadamente 2.5 cm (1 pulgada) de agua. Ponlo en el mostrador cerca de la estufa.

2. Pon un poquito de agua en la lata de refresco; sólo la suficiente para cubrir el fondo.

3. Haz que un adulto caliente la lata con agua en el quemador de la estufa o en la parrilla. Deja que hierva el agua con vigor durante aproximadamente un minuto. Debe salir vapor de la lata.

¡COMIENZA LA FUNCIÓN!

1. Dile a la concurrencia que vas a triturar la lata de refresco sin tocarla.

2. Haz que tu ayudante adulto use la tenaza para voltear de cabeza rápidamente la lata en el molde para pastel. ¡Observa lo que ocurre!

SUGERENCIAS PARA LOS TRUCOS DE MAGIA CIENTÍFICA

Antes de que tu ayudante voltee boca abajo la lata en el molde con agua, di unas cuantas palabras mágicas. Mueve tus manos por arriba de la lata y di: "¡Lata de refresco, te ordeno que te aplastes cuando el agua te toque!"

¡CONTINÚA LA DIVERSIÓN!

Trata de repetir este truco de magia usando una lata de un litro (un cuarto de galón) que puede ser una lata de puré de tomate. Cuando abras la lata, haz sólo pequeños agujeros en la parte de arriba. Vacía y limpia la lata antes de usarla pero no quites toda la tapa. ¿Se colapsa tan fácilmente este tipo de lata como la de refresco?

EFECTO

Cuando tu ayudante pone de cabeza la lata en el molde con agua, la lata se aplasta de inmediato.

EXPLICACIÓN

La lata se aplasta debido a un cambio en la presión del aire. Tú produces una baja presión de aire dentro de la lata y, entonces, usas la presión más alta que hay fuera de ella para que se aplaste.

Antes de calentarla, la lata está llena de agua y aire. Cuando hierves el agua se evapora –cambia de líquido a vapor de agua caliente–. El vapor que está dentro de la lata empuja el aire hacia fuera. Cuando tu ayudante pone en el agua la lata de cabeza, el aire no puede regresarse a ella.

El agua fría del molde enfría el vapor que queda en la lata. El vapor se condensa –cambia de gas a líquido–. El vapor que ocupaba el espacio dentro de la lata se convierte ahora en unas cuantas gotas de agua que ocupan mucho menos espacio que el vapor. Hay más espacio para el aire en la lata, por lo que baja la presión del aire en ella. Afuera, la presión de aire aumenta y es mayor que la que hay dentro de la lata. El aire empuja la lata y hace que se colapse.

PROYECTO 7

Pelota en el aire

¿Has visto alguna vez que un mago haga flotar en el aire a una persona? Prueba con esta actividad y aprende tu propia versión del truco.

Nota: para esta actividad se necesita una secadora de aire y la ayuda de una persona adulta.

MATERIALES

secadora de aire (sólo deberá usarla el ayudante adulto)

2 libros grandes u otros objetos pesados

pelota de ping-pong (tenis de mesa)

regla

ayudante adulto

Antes de la función

1. Coloca la secadora de aire sobre la mesa con la salida (el extremo por donde sale el aire caliente) apuntando hacia arriba.

2. Sujeta la secadora con los libros. Cerciórate de que los libros no bloqueen la entrada de aire que está en un costado de la secadora.

3. Conecta la secadora.

¡Comienza la función!

1. Pídele a un adulto de la concurrencia que sea tu ayudante.

2. Dile al público: "Voy a hacer que una pelota de ping-pong común y corriente flote en el aire."

3. Toma la pelota de ping-pong en tu mano y déjala caer sobre la mesa. Di en voz alta a la concurrencia: "¡Se me olvidó decir las palabras mágicas!"

4. Di unas cuantas palabras mágicas sobre la pelota de ping-pong. Que tu ayudante ponga la secadora en el máximo y la prenda.

5. Pon con cuidado la pelota en la corriente de aire a unos 45 cm (18 pulgadas) de la salida de la secadora.

SUGERENCIAS PARA LOS TRUCOS DE MAGIA CIENTÍFICA

Podría ser necesario colocar la pelota de ping-pong un poco más cerca o más lejos del tubo de salida de la secadora, lo que depende de la fuerza de aire.

¡CONTINÚA LA DIVERSIÓN!

Ensaya este truco con pelotas de diferentes tamaños y pesos. ¿Funcionan igual?

EFECTO

La pelota permanecerá suspendida en el aire arriba de la secadora.

EXPLICACIÓN

Este truco en realidad no es un reto a la gravedad. Demuestra una importante cualidad del aire llamada principio de Bernoulli. El **principio de Bernoulli** es una ley natural que dice que cuando fluye cualquier fluido, como el aire, la presión de éste disminuye conforme aumenta su velocidad. En otras palabras, cuando el aire fluye muy rápido su presión es baja, y cuando su velocidad es baja, su presión es alta.

El aire que sale de la secadora se mueve muy rápido, así que su presión es baja. La pelota está rodeada por un área de presión baja, lo cual crea un cono de baja presión cerca de la boca de la secadora. El aire que está fuera del cono tiene mayor presión, lo que mantiene la pelota en el cono de baja presión. La gravedad jala hacia abajo la pelota mientras la fuerza del aire la empuja hacia arriba. Estas fuerzas trabajan juntas para mantener la pelota suspendida en medio del aire arriba de la secadora.

PROYECTO

La tarjeta obstinada

Si soplas una tarjeta se moverá alejándose de ti, ¿cierto? ¡Pero no siempre! Compruébalo con esta actividad.

MATERIALES

lápiz

regla

tarjeta de 7.5 x 12.5cm (3 x 5 pulgadas)

chinche o tachuela

carrete de hilo, vacío

ayudante

ANTES DE LA FUNCIÓN

1. Con el lápiz y la regla traza líneas diagonales que unan las esquinas opuestas de la tarjeta. El punto donde se cruzan las líneas es el centro de la tarjeta.

2. Mete la chinche en el centro de la tarjeta.

¡COMIENZA LA FUNCIÓN!

1. Invita a un miembro de la concurrencia a que sea tu ayudante.

2. Pon la tarjeta abajo del carrete, de modo que la chinche quede en el agujero de éste.

3. Levanta la tarjeta y el carrete. Haz que tu ayudante tome el carrete y sople fuerte en el agujero del lado opuesto.

4. Retira tu mano mientras tu ayudante sigue soplando.

5. ¿Puede tu ayudante hacer que caiga la tarjeta al soplar?

EFECTO

La tarjeta se pega al carrete de hilo y no se cae.

EXPLICACIÓN

Este truco es otra demostración del principio de Bernoulli, que dice que el aire que se mueve a alta velocidad tiene menos presión que el que se mueve despacio. Cuando tu ayudante sopla en el agujero del carrete se crea una corriente de aire de movimiento rápido en el lado de la tarjeta pegado al carrete. Este aire que se mueve con rapidez crea un área de presión más baja entre el carrete y la tarjeta. La presión del aire en el otro lado de la tarjeta es mayor. Empuja a la tarjeta contra el carrete y la mantiene en su lugar. Cuando tu ayudante deja de soplar, la presión de aire es igual en ambos lados de la tarjeta y ésta cae lejos del carrete.

PROYECTO

Las latas que se atraen

En las actividades anteriores has visto varias maneras de usar el principio de Bernoulli para hacer trucos de magia. He aquí otra manera.

MATERIALES

2 latas de refresco vacías
24 popotes (pajillas) de plástico
ayudante

ANTES DE LA FUNCIÓN

1. Pon las dos latas sobre la mesa a una distancia de aproximadamente 2.5 cm (1 pulgada) entre sí.

2. Pon los popotes en la mesa cerca de las latas.

¡Comienza la función!

1. Pide a una persona de la concurrencia que sea tu ayudante.

2. Pídele que haga a las latas acercarse entre sí soplando con uno de los popotes. Tu ayudante quizá pueda hacer que una lata se mueva un poco acercándose a la otra, pero se le va a hacer difícil.

3. Cuando sea tu turno separa un popote. Extiende los otros 23 popotes sobre la mesa, paralelos y separados entre 5 y 10 mm ($^1/_4$ a $^1/_2$ pulgada) aproximadamente.

4. Pon las dos latas sobre los popotes, separadas una de la otra aproximadamente 7.5 cm (3 pulgadas). Dile a la concurrencia que quieres un reto mayor, por lo que estás alejando más las latas.

5. Levanta el popote que separaste y apúntalo hacia la izquierda de la lata que está a tu derecha. Inhala profundamente y sopla una corriente constante de aire a través del popote.

6. Sigue soplando, moviendo la cabeza y el popote hacia la izquierda conforme se mueva la lata.

Sugerencias para los trucos de magia científica

Este truco funciona mejor si los popotes son perfectamente redondos (cilíndricos).

Intenta este truco de manera diferente. Cuelga dos latas de refresco vacías con cuerdas, de manera que estén a una distancia aproximada de 2.5 cm (1 pulgada) una de la otra. Experimenta con diferentes maneras de hacer que se muevan juntas las latas soplando aire por un popote. ¿Funcionará igual este truco si cuelgas dos manzanas con la misma separación?

EFECTO

Cuando soplas sobre el lado izquierdo de una lata, ésta se mueve hacia la otra. En la sección "Continúa la diversión", las latas y las manzanas se mueven unas hacia otras cuando soplas entre ellas.

EXPLICACIÓN

Estas dos actividades vuelven a demostrar el principio de Bernoulli. Cuando tu ayudante trata de mover las latas soplando directamente sobre ellas, no lo consigue. Sin embargo, tú puedes hacer que las latas se muevan soplando en un lado de una de ellas. Cuando soplas sobre un lado de la lata estás creando un aire de movimiento rápido de ese lado. El principio de Bernoulli dice que el aire que se mueve rápido tiene presión más baja que el aire que se mueve lentamente, por lo que tu soplo crea un área de baja presión sobre el lado izquierdo de la lata. La presión más alta que empuja sobre el lado derecho de la lata hace que ésta se mueva. Mientras más rápido soples, más baja será la presión y la lata se moverá más. Los popotes que están bajo las latas reducen la fricción entre ellas y la mesa, por lo que la lata se mueve con más facilidad.

PROYECTO 10

El motor mágico

Realiza esta actividad en la que verás cómo usar el aire para hacer que, mágicamente, el papel se mueva como motor.

MATERIALES

pegamento

pieza cuadrada o bloque de madera de 2.5 x 2.5 cm (1 x 1 pulgadas)

aguja para coser

pieza cuadrada de papel de 7.5 x 7.5 cm (3 x 3 pulgadas)

ANTES DE LA FUNCIÓN

1. Pon una gota de pegamento en el centro de la pieza de madera.

2. Coloca el extremo del ojo de la aguja en el pegamento, en un ángulo recto (perpendicular a la madera). Sujétala hasta que el pegamento seque lo suficiente para que la aguja pueda sostenerse sola. Pon aparte el conjunto de madera y aguja hasta que seque por completo.

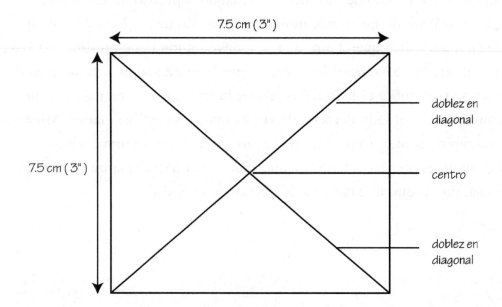

7.5 cm (3")

7.5 cm (3")

doblez en diagonal

centro

doblez en diagonal

3. Dobla diagonalmente el papel (de esquina a esquina). ¡Ábrelo y dóblalo otra vez diagonalmente, pero usando las esquinas opuestas. Vuelve a abrir el papel. El punto donde se encuentran los dos dobleces es el centro del papel. El papel se verá como una pirámide baja parcialmente aplanada.

¡COMIENZA LA FUNCIÓN!

1. Dile a la concurrencia: "He encontrado una energía mágica que puede hacer trabajar un pequeño motor de papel."

2. Pon sobre la mesa el conjunto de madera y aguja.

3. Pon el papel doblado sobre la punta de la aguja colocando el centro de los dos dobleces sobre ella. Los cuatro lados de la pirámide deben apuntar hacia abajo.

4. Di unas cuantas palabras mágicas como: "Energía mágica, haz que mi motor funcione."

5. Frótate las manos 10 o 15 veces; después ponlas en copa alrededor de la pirámide de papel. Tus manos deben estar a aproximadamente 2.5 cm (1 pulgada) de las orillas del papel. Observa lo que ocurre.

*E*FECTO

Al principio el papel se bambolea, después empieza a rotar en círculo.

*E*XPLICACIÓN

Aunque no lo creas, es el calor de tus manos lo que hace que el papel se mueva. Cuando las frotas creas fricción, la fuerza que hace más lentos los movimientos de los objetos sobre otros. La fricción hace que las cosas se calienten, por lo que al generar fricción entre tus manos se produce calor.

El calor siempre se mueve de algo más caliente a algo más frío. El aire que entra en contacto con tus manos calientes se calienta. El aire caliente sube porque se expande y se hace menos denso, por lo que es más liviano. El aire más frío y denso baja a ocupar su lugar. Cuando se mueve el aire, entra en contacto con la pirámide de papel y hace que también se mueva.

Este movimiento de aire más caliente y más frío se llama **convección**. La convección es el proceso por el cual el calor viaja en corrientes en movimiento a través de fluidos (líquidos y gases).

La magia de la fuerza y la energía

Actos "forzudos"

La energía –capacidad para realizar un trabajo– es parte muy importante de la vida. Nada ocurriría sin ella. Y cuando se usa, deben estar presentes, alguna fuerza, o fuerzas. Las fuerzas cambian la forma de las cosas y hacen que cesen o inicien el movimiento. La gravedad es la fuerza de atracción entre dos objetos cualesquiera debido a sus masas. La gravedad es algo que damos por hecho. Nos mantiene sobre la Tierra y evita que andemos volando en el espacio. La gravedad es la magia que mantiene unido nuestro universo.

Puedes usar la gravedad y otras fuerzas para hacer toda clase de trucos de magia. Realiza las actividades de este capítulo para aprender todo al respecto.

PROYECTO

¡Atrápalo!

Muchas veces un mago pide a alguien del público hacer algo que parece fácil pero que resulta imposible. Realiza esta actividad para aprender la manera de hacerlo.

MATERIALES

billete

ayudante

ANTES DE LA FUNCIÓN

Pon el billete en la mesa frente a ti.

¡COMIENZA LA FUNCIÓN!

1. Toma el billete y déjalo caer en la mesa.

2. Pídele a alguien del público que sea tu ayudante. Di que permitirás al ayudante quedarse con el billete si logra atraparlo cuando lo dejes caer.

3. Dobla el billete por la mitad a lo largo.

4. Dile a tu ayudante: "Empuña una mano y ponla frente a ti." Ahora haz que abra el pulgar y el índice de manera que quede un espacio entre ellos.

5. Sujeta el billete en posición vertical entre los dedos de tu ayudante, de manera que la mitad del billete quede debajo del pulgar y el índice. Dile a tu ayudante que vas a soltar el billete. Él tratará de atraparlo apretando el dedo índice y el pulgar cuando lo sueltes.

6. Suelta el billete.

SUGERENCIAS PARA LOS TRUCOS DE MAGIA CIENTÍFICA

Háblale a tu ayudante antes de soltar el billete. Sigue haciéndolo y suelta el billete en medio de una frase. La plática distraerá a tu ayudante, de modo que no sabrá exactamente cuándo lo vas a soltar.

EFECTO

El ayudante no puede agarrar el billete antes de que éste rebase el sitio donde están sus dedos índice y pulgar.

EXPLICACIÓN

La gravedad atrae hacia la Tierra todos los objetos a la misma velocidad, independientemente de su peso. Un billete mide alrededor de 15 cm (6 pulgadas) de largo. Cuando se pone la mitad del billete entre los dedos de tu ayudante, sólo tiene que caer 7.5 cm (3 pulgadas) antes de rebasar sus dedos. El billete sólo tardará menos de .2 segundos en recorrer esa distancia. El cerebro de tu ayudante necesita aproximadamente .3 segundos para enviar a los dedos el mensaje de cerrarse, por lo que no tiene tiempo de reaccionar antes de que el billete quede fuera de su alcance.

Sí es posible agarrar el billete. El ayudante tiene que predecir correctamente cuándo vas a soltarlo y empezar entonces a cerrar los dedos con tiempo anticipado.

PROYECTO 2

Encuentra el centro

Es fácil encontrar el centro de un pedazo de madera usando una cinta métrica. Pero si no la hay, ¿puedes hacerlo? Descubre cómo en este truco.

MATERIALES

un palo de escoba o taco de madera de 60 a 90 cm (2 a 3 pies)
regla larga o cinta métrica
ayudante

ANTES DE LA FUNCIÓN

Pon en la mesa el palo de escoba.

¡COMIENZA LA FUNCIÓN!

1. Dile a la concurrencia: "Tengo poderes mágicos en mis manos y voy a usarlos para encontrar la mitad de este pedazo de madera sin usar la cinta métrica."

2. Mantén el palo de escoba más o menos a la altura de tu cintura, deja que descanse sobre tus dedos índices. Tus dedos deben estar separados alrededor de 60 cm (2 pies).

3. Mueve lentamente tus dedos acercándolos entre sí y dejando que el palo de escoba descanse sobre ellos.

4. Cuando tus dedos se encuentren y el palo de escoba esté en equilibrio, habrás encontrado el centro del palo.

5. Pon el palo en la mesa dejando uno de tus dedos en el punto que es el centro. Invita a alguien de la concurrencia a medir con una regla o cinta métrica y comprobar que encontraste el centro.

¡CONTINÚA LA DIVERSIÓN!

Repite la actividad, pero pon un trozo grande de plastilina en un extremo del palo de escoba. ¿Puedes hallar el centro?

EFECTO

Tus dedos se encontrarán en el centro del palo de escoba.

EXPLICACIÓN

Puedes encontrar el centro de la escoba debido a la gravedad. El punto en el que el palo se equilibra en tus dedos (o en el que se equilibra cualquier otro objeto) se llama **centro de gravedad**. El centro de gravedad de un cuerpo es donde el efecto de gravedad de alguna cosa parece concentrarse. Para un objeto simétrico, como el del palo de escoba, el centro de gravedad también será el centro de dicho objeto. Un objeto **simétrico** es algo exactamente igual en ambos lados de su centro.

Cuando deslizas tus dedos de los extremos del palo al centro, una pequeña diferencia en la fricción causa que uno de tus dedos se pegue al palo. El otro dedo continúa acercándose al centro de gravedad. Sin embargo, cuando tu dedo se mueve más cerca del centro de gravedad, la fuerza de gravedad en ese dedo aumenta. Esto crea mayor fricción en ese dedo. El primer dedo que previamente se había detenido, empieza a moverse. Esto continúa hasta que ambos dedos se juntan en el centro del palo.

PROYECTO

¿Crudo o cocido?

Con frecuencia, un mago predice cosas que otros no pueden.
Realiza esta actividad para aprender una manera de hacerlo.

Nota: esta actividad requiere la ayuda de un adulto.

MATERIALES

huevo cocido (huevo duro)
huevo crudo
tazón pequeño
ayudante adulto

ANTES DE LA FUNCIÓN

1. Pídele a un adulto que haga un huevo duro para ti y deja que se enfríe hasta la temperatura ambiente.

2. Coloca los materiales sobre la mesa.

¡COMIENZA LA FUNCIÓN!

1. Dile a la concurrencia que hay dos huevos idénticos, uno crudo y otro cocido. Invita a que pasen varias personas e identifiquen cuál es cuál ¡sin romperlos!

2. Cuando determinen que no pueden decir la diferencia, tomas el mando.

3. Sobre la mesa, haz girar ambos huevos sobre sus lados con igual fuerza. Señala el que gira más rápido y de manera más uniforme y dile a la concurrencia que ése es el huevo cocido.

4. Rompe el otro huevo dentro del tazón para probar que acertaste.

Ten listos un segundo huevo crudo y una toalla de papel después de terminar el truco. A varios miembros de la concurrencia pídeles que traten de equilibrar el segundo huevo crudo sobre un extremo, encima de la toalla de papel. Después de que no puedan hacerlo, muéstrales cómo se hace.

Sujeta el huevo crudo en tu mano y sacúdelo vigorosamente a lo largo, hacia arriba y hacia abajo durante unos 30 segundos. Ponlo inmediatamente en la toalla de papel sobre su extremo ancho. Debe quedarse parado.

EFECTO

El huevo cocido gira más rápido y hace giros más uniformes. El huevo crudo se bambolea cuando gira.

EXPLICACIÓN

El truco funciona porque el centro de gravedad de un huevo crudo es diferente del de uno cocido. Un huevo de gallina se compone de yema, clara y cascarón. La mayor parte de la masa se concentra en la yema, por lo que el centro de gravedad está en ella o cerca. Cuando se hace girar un huevo crudo, la yema se mueve alrededor, por lo que el centro de gravedad sigue cambiando; esto hace más lentos los giros del huevo y que éste se tambalee. Cuando el huevo está cocido la masa de adentro es sólida. El centro de gravedad permanece estacionario y el huevo puede girar más rápido alrededor de este punto.

La actividad "Continúa la diversión" funciona porque cuando sacudes el huevo, la yema se mueve más fácilmente dentro de la clara. Cuando dejas de sacudir el huevo, la yema se mueve hacia el extremo ancho del huevo. Esto hace bajar el centro de gravedad del huevo haciéndolo mucho más estable. El equilibrio trabaja mejor cuando el objeto tiene un centro de gravedad bajo. Aunque lo sacudas, es casi imposible equilibrar un huevo sobre su extremo más pequeño, porque su centro de gravedad es demasiado alto.

4 Escoba y pelota

Es posible que hayas visto a un mago tirar de un mantel que tiene encima un vaso de agua, sin que se derrame una sola gota. Realiza esta actividad y descubre cómo hacer un truco aún más espectacular.

MATERIALES

vaso de plástico **(PRECAUCIÓN: debes usar uno de *plástico, no* sustituirlo por uno de vidrio)**

plato pastelero de metal

tubo de papel sanitario, vacío

pelota de golf

regla grande

escoba de cerdas

ANTES DE LA FUNCIÓN

Pon todos los materiales sobre la mesa antes de empezar el truco.

¡COMIENZA LA DIVERSIÓN!

1. Dile a la concurrencia que vas a hacer un truco sorprendente que otros magos no se atreverían siquiera a intentar.

2. Pon el vaso de plástico cerca de la orilla de la mesa.

3. Pon el plato pastelero boca arriba sobre el vaso. El plato debe sobresalir de la orilla de la mesa.

4. Coloca vertical el tubo de papel sanitario sobre el plato, de manera que quede directamente arriba del vaso.

5. Pon la pelota de golf encima del tubo de papel sanitario.

6. Sostén la escoba derecha frente a ti. Párate aproximadamente a 60 cm (2 pies) de la torre mirando hacia ella.

7. Dobla hacia ti las cerdas de la escoba, y písalas para mantenerlas pegadas al piso.

8. Pide silencio a la concurrencia diciendo algo como: "¡No quiero que se me interrumpa en éste que es el truco más difícil de todos los tiempos!"

9. Jala la escoba hacia ti y libérala de manera que el palo golpee el plato pastelero.

¡CONTINÚA LA DIVERSIÓN!

Necesitas practicar este truco varias veces antes de tratar de hacerlo frente a la concurrencia. Cuando ya lo domines, prueba utilizar un huevo arriba de la torre en vez de la pelota de golf. Llena de agua el vaso de plástico para evitar que se rompa el huevo.

EFECTO

El palo de la escoba golpea el plato y lo empuja junto con el tubo de papel sanitario desde debajo de la pelota de golf. Ésta cae dentro del vaso de plástico.

EXPLICACIÓN

Esta actividad demuestra la **inercia**, que es la tendencia de los objetos a resistir un cambio de movimiento. La **ley de la inercia** dice que un objeto en reposo se mantiene en reposo y que uno en movimiento permanece en movimiento, excepto bajo la acción de una fuerza externa.

Al principio la pelota de golf está en reposo, defendida de la fuerza de gravedad por el plato y el tubo de papel sanitario. Cuando sueltas la escoba, ésta golpea el plato creando una fuerza externa sobre él. Esta fuerza hace que el plato pastelero se mueva. Parte de esta fuerza se transfiere al tubo de papel sanitario que también se mueve.

Sin embargo, el vaso y la pelota de golf no son accionados por la fuerza externa, por lo que permanecen en reposo. Tan pronto como el plato y el tubo de papel sanitario estén fuera del camino, la gravedad atrae la pelota hacia abajo dentro del vaso.

5 ¡Imposible!

Realiza esta actividad para aprender la manera de usar esta fuerza y vencer a la gravedad.

Nota: esta actividad requiere de la ayuda de un adulto.

MATERIALES

colgador de ropa métalico (gancho)

lima

moneda

ayudante adulto

ANTES DE LA FUNCIÓN

1. Jala hacia abajo la parte central de la base del colgador de ropa, de modo que quede largo y angosto.

2. Pon tu dedo en el centro de la parte doblada que creaste en el paso anterior, y deja que el colgador de ropa cuelgue libremente hacia abajo.

3. Haz que un adulto lime la punta del gancho que está en el lado opuesto del colgador, de manera que quede plana. Dobla un poco el gancho de alambre para que cuando el colgador de ropa cuelgue de tu dedo, el extremo plano quede horizontal con respecto al piso.

4. Pon los materiales sobre la mesa antes de iniciar el truco.

¡COMIENZA LA FUNCIÓN!

1. Dile a la concurrencia que tienes un colgador de ropa especial que puede retar a la gravedad.

2. Pon el doblez del colgador en el dedo índice de tu mano.

3. Balancea la moneda en la punta aplanada del gancho de alambre como se ve en la siguiente página.

4. Empieza a mecer el colgador, al principio despacio para atrás y adelante haciendo después círculos completos.

5. Para detener el movimiento del colgador sin que la moneda caiga, empieza a hacer más lento el movimiento al final de cada vuelta. Vuelve a mecerlo hacia atrás y adelante, más despacio cada vez hasta detener la acción.

6. Retira la moneda para demostrar a la concurrencia que no estaba pegada al extremo del alambre.

SUGERENCIAS PARA LOS TRUCOS DE MAGIA CIENTÍFICA

Este truco es difícil. Necesitarás practicar muchas veces antes de quedar listo para hacerlo ante el público.

EFECTO

La moneda permanece en el extremo del alambre aun cuando balancees el colgador de arriba abajo.

EXPLICACIÓN

Todos los objetos permanecerán en reposo o seguirán moviéndose en línea recta a menos que una fuerza externa actúe sobre ellos; ésta es la ley de la inercia. Según la ley de la inercia, el colgador en movimiento hace que se mueva la moneda. Ésta quiere moverse en línea recta pero la mueve una fuerza externa, el colgador de ropa. El colgador hace que la moneda se mueva en círculo. Cuando balanceas la moneda u otro objeto cualquiera en círculo, el objeto se mueve hacia delante en línea recta, pero una fuerza lo impulsa hacia el interior, hacia el centro del círculo. Ésta es la **fuerza**

centrípeta. La fuerza centrípeta modifica la dirección de la moneda en movimiento, por lo que va en círculo y no en línea recta. Si detienes el colgador, eliminarás dicha fuerza y la moneda volará en línea recta.

En esta actividad entra también en juego la fuerza de gravedad. Ésta atrae la moneda hacia abajo, pero la fuerza centrípeta creada por el movimiento giratorio es mayor que la atracción que ejerce la gravedad. La moneda permanece pegada al extremo del alambre.

PROYECTO 6

El gran rebote

Si has visto un pase de bola de Súper Tazón, sabes que una pelota puede rebotar muy alto. Ensaya este truco para ver cómo puedes hacer que una pelota de tenis rebote como una de Súper Tazón.

MATERIALES

anteojos de seguridad *(goggles)*
pelota de tenis
balón de basquetbol

ANTES DE LA FUNCIÓN

Este truco se hace mejor en una acera plana de concreto.

¡COMIENZA LA FUNCIÓN!

1. Ponte los anteojos de seguridad y dile a la concurrencia: "Tengo una pelota de tenis muy especial que puede rebotar más alto que cualquier pelota del Súper Tazón."

2. Mantén la pelota de tenis a la altura de tu cintura y déjala caer. Rebotará como una pelota normal.

3. Dile al público que se te olvidó decir las palabras mágicas. Repite unas cuantas palabras mágicas, como: "Pelota mágica, rebota alto, yo te lo ordeno."

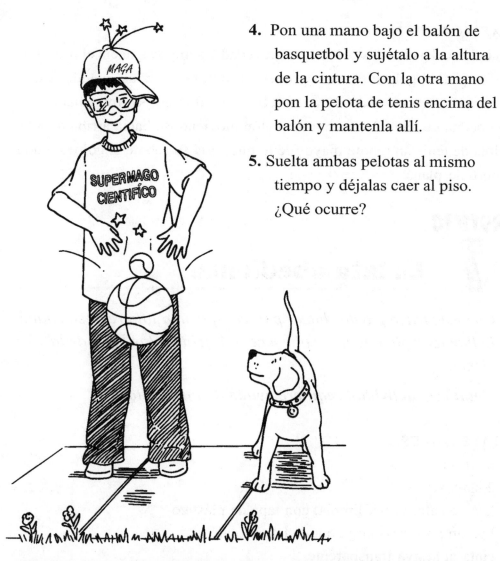

4. Pon una mano bajo el balón de basquetbol y sujétalo a la altura de la cintura. Con la otra mano pon la pelota de tenis encima del balón y mantenla allí.

5. Suelta ambas pelotas al mismo tiempo y déjalas caer al piso. ¿Qué ocurre?

¡CONTINÚA LA DIVERSIÓN!

Intenta el truco con otros tipos de pelotas. Usa una de ping-pong en lugar de la de tenis. ¿Funciona igual el truco con todas las pelotas?

EFECTO

Cuando sueltas las pelotas al mismo tiempo, la de tenis rebota muy alto, mucho más alto que cuando la soltaste sola.

EXPLICACIÓN

Cuando sueltas las dos pelotas, la gravedad las impulsa hacia el piso. La de basquetbol golpea el suelo primero. Empieza a rebotar cuando la de tenis apenas va cayendo. Cuando rebota el balón golpea inmediatamente a la pelota de tenis. La fuerza del balón moviéndose hacia arriba da a la pelota de tenis un rebote mayor de lo que sería su rebote si golpeara una superficie plana.

PROYECTO

 7 # La lata obediente

Con este truco puedes hacer parecer que una lata regresa cuando la llamas. Sólo que no te obedece a ti, ¡sino a las leyes de la ciencia!

Nota: esta actividad requiere ayuda de un adulto.

MATERIALES

martillo
2 clavos
lata de café, vacía, limpia, con tapa de plástico
liga un poco más larga que la lata de café
cinta adhesiva transparente
varias pesas (tornillos y tuercas pesados)
tramo de cuerda de 7.5 cm (3 pulgadas)
ayudante adulto

ANTES DE LA FUNCIÓN

1. Pide a un adulto que con el martillo y uno de los clavos haga un agujero en el centro del fondo de la lata y uno similar en la tapa de plástico.

2. Desde adentro pasa la liga por el agujero del fondo de la lata, sólo lo suficiente para que del fondo salga un lazo. Pasa el clavo por el lazo y sujétalo al exterior de la lata con la cinta adhesiva.

3. Fija las pesas a la mitad de la liga amarrando la cuerda fuertemente alrededor de éstas y la liga.

4. Tira del lado libre de la liga a través del agujero de la tapa de plástico. La liga debe estar estirada. Desliza el otro clavo a través del lazo de la liga y fíjalo a la tapa con la cinta. Pon de golpe la tapa a la lata.

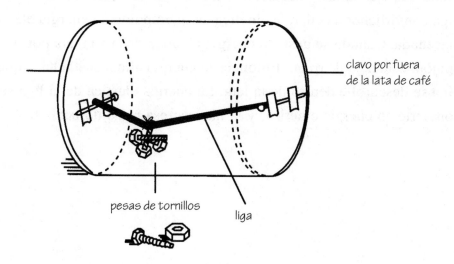

clavo por fuera de la lata de café

pesas de tornillos

liga

¡COMIENZA LA FUNCIÓN!

1. Dile a la concurrencia que tienes una mano imantada.

2. Haz girar suavemente la lata sobre una superficie dura, lisa y plana. Justo antes de que la lata deje de rodar, saca la mano y di algunas palabras mágicas ordenándole que regrese.

EFECTO

La lata rueda una corta distancia alejándose de ti, se detiene y regresa hacia donde tú estás.

EXPLICACIÓN

Hay dos tipos principales de energía: la **energía cinética,** que es la que se encarga de mover los objetos; la energía potencial, que está almacenada y tiene la capacidad de convertirse en cinética. La energía no se agota

111

nunca, sólo se transforma de una forma a otra. La **energía elástica** es una forma de energía potencial almacenada en un material cuando se altera su forma, ya sea estirándola (**estiramiento**) (extendiéndola, alargándola) o comprimiéndola (**compresión**) (apretándola). En esta actividad la energía elástica se almacena en la liga estirada. La lata convierte esta energía en energía cinética.

Cuando empujas la lata "obediente", el movimiento hacia adelante enrolla la liga convirtiendo la energía cinética de tu empujón en energía elástica almacenada. Cuando se gasta la energía cinética dada a la lata por tu empujón, ésta deja de rodar. Entonces la energía almacenada hace que la liga se desenrolle dentro de la lata. La energía elástica de la liga se reconvierte en energía cinética, y la lata regresa rodando hacia ti.

La magia de la electricidad y el magnetismo

Ilusionismo "electrizante"

Las fuerzas de atracción de Melisa

La **electricidad** es una forma de energía causada por el movimiento de una parte del átomo llamada electrón. Toda materia está formada por átomos y éstos están hechos de partículas más pequeñas llamadas **protones, neutrones y electrones**. Un electrón es la parte de un átomo que gira en órbita o sigue una trayectoria circular alrededor del centro del átomo llamado **núcleo**. Los electrones pueden moverse de un átomo a otro. Este flujo de electrones produce la electricidad.

El movimiento de los electrones es también causa del magnetismo. **Magnetismo** es la fuerza invisible que hace que algunas sustancias **atraigan** (acerquen hacia sí) o **repelan** (rechacen) otras.

Realiza las actividades de este capítulo para aprender algunos trucos que puedan i"electrizarte"!

PROYECTO 1

El cereal bailarín

Algunos cereales hacen ruido. Realiza esta actividad para ver si puedes hacer que el cereal de arroz inflado también salte y baile.

MATERIALES

toalla de papel
1 cucharadita (5 ml) de cereal de arroz inflado
globo
suéter de lana

ANTES DE LA FUNCIÓN

1. Pon la toalla de papel en la mesa.

2. Pon el cereal sobre la toalla de papel.

¡COMIENZA LA FUNCIÓN!

1. Dile a la concurrencia: "Ustedes han oído que el cereal de arroz estalla, cruje y crepita. Ahora voy a mostrarles cómo hacer que salte y baile."

2. Infla el globo. Haz un nudo en el extremo.

3. Frota el globo varias veces en el suéter de lana.

4. Acerca el globo al cereal. Observa lo que ocurre.

¡CONTINÚA LA DIVERSIÓN!

Intenta este truco con otros tipos de cereal inflado. ¿Funcionará con trigo o avena inflada?

EFECTO

El globo atrae el cereal.

EXPLICACIÓN

El truco funciona debido a la **electricidad estática** que es la electricidad que no fluye. La electricidad estática se forma con la fricción que es creada cuando se frotan dos objetos, como la lana y el globo. Todos los objetos están hechos de átomos y cada átomo tiene una cantidad igual de protones y electrones. Los protones tienen carga positiva y los electrones tienen carga negativa. Cuando estas cargas son iguales, el objeto es neutro o sin carga. Sin embargo, algunos objetos como la lana y los cabellos pierden electrones fácilmente.

Cuando frotas el globo con la lana, algunos electrones pasan de la lana al globo. Entonces, éste adquiere carga estática negativa.

Cuando acercas al cereal el globo con carga negativa, éste repele los electrones de cada grano de cereal. Los electrones se mueven hacia el lado contrario del cereal. Esto da una carga estática positiva al grano de cereal más cercano al globo y éste, con carga negativa, atrae el grano de cereal.

Al transcurrir un periodo más largo se transfieren electrones del globo al cereal. Finalmente, el globo queda neutro y el cereal vuelve a caer sobre la mesa.

PROYECTO

La brújula mágica

Hay muchas maneras de que un mago haga parecer que los objetos se mueven sin tocarlos. Descubre una manera en esta actividad.

MATERIALES

pegamento

bloque o pieza cuadrada de madera de 2.5 x 2.5 cm (1 x 1 pulgada)

aguja de coser

tijeras

hoja de papel blanco

vaso de vidrio (no usar plástico) de cuando menos 5 cm (2 pulgadas) de diámetro (longitud de una línea que pasa por el centro del círculo que forma el borde del vaso)

suéter de lana

Antes de la función

1. Pon una gota de pegamento en el centro de la pieza de madera.

2. Coloca la aguja en el pegamento por el extremo del ojo, en ángulo recto (perpendicular) con respecto a la madera. Mantenla quieta hasta que seque el pegamento, lo suficiente para que la aguja pueda sostenerse sola. Deja a un lado la madera con la aguja hasta que seque por completo.

3. Con las tijeras corta un pedazo de papel en forma de rectángulo de 1.25 x 3.75 cm ($^1/_2$ x $1^1/_2$ pulgadas)

4. Dobla el papel por la mitad a lo largo. Desdóblalo y dóblalo ahora a lo ancho. Vuelve a desdoblarlo. El punto donde se encuentran los dos dobleces es el centro del papel.

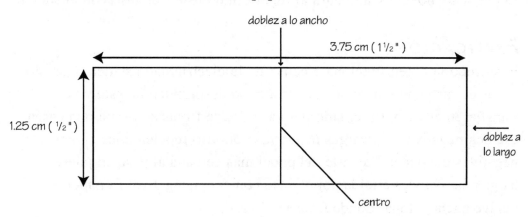

¡Comienza la función!

1. Dile a la concurrencia: "Puedo crear mi propia brújula que me señale a mí y no al Polo Norte."

2. Pon la madera y la aguja en la mesa, frente a ti.

3. Equilibra el papel en la aguja poniendo el centro de los dos dobleces en la punta de la aguja, y dile a la concurrencia: "Ésta es mi brújula."

4. Pon el vaso sobre todo el montaje. Dile al público: "El vaso evitará que mi aliento mueva la brújula de papel."

5. Di unas cuantas palabras mágicas diciéndole a la brújula de papel que obedezca tus órdenes. Frota la lana en un lado del vaso, en el extremo más alejado de las orillas del papel. Observa lo que ocurre.

SUGERENCIAS PARA LOS TRUCOS DE MAGIA CIENTÍFICA

Este truco se puede hacer también de otra manera más espectacular. Pega una moneda, de canto, en un trozo de plastilina. Equilibra un fósforo de papel arriba de la moneda. Cubre el montaje con un vaso o frasco de vidrio. Vuelve a frotar el lado del vaso con la lana y observa lo que ocurre.

EFECTO

El papel se moverá y apuntara al lugar donde frotas el vaso con el suéter.

EXPLICACIÓN

Este truco también funciona a causa de la electricidad estática. Cuando frotas el vaso con la lana los electrones se desprenden de ésta y se transfieren al vaso. En el lado del vaso donde frotas se forma una carga estática negativa. Las cargas negativas del vaso repelen a las cargas negativas del papel. La parte del papel más cercana al vaso adquiere carga positiva y es atraída por el vaso con carga negativa. El papel se vuelve hacia el lugar donde frotaste el vaso.

PROYECTO

Separación

¿Puedes separar un montón de sal y pimienta? Esta actividad te dice cómo.

MATERIALES

toalla de papel

1 cucharadita (5 ml) de sal

1 cucharadita (5 ml) de pimienta negra

cuchara

globo

suéter de lana

ayudante

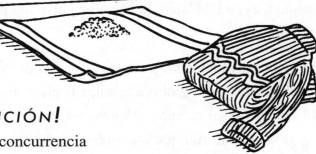

ANTES DE LA FUNCIÓN

1. Coloca en la mesa la toalla de papel.

2. Pon la sal y la pimienta en la toalla.

¡COMIENZA LA FUNCIÓN!

1. Pídele a alguien de la concurrencia que sea tu ayudante.

2. Mezcla bien la sal con la pimienta, auxiliándote con la cuchara. Pídele a tu ayudante que trate de separar los granos de sal y de pimienta.

3. Cuando el ayudante se rinda en su intento por separarlas, haz que se siente.

4. Infla el globo y amarra el extremo con un nudo. Frota el globo con el suéter de lana.

5. Acerca el globo a la mezcla de sal y pimienta. ¿Qué pasa?

¡CONTINÚA LA DIVERSIÓN!

¿Servirá este truco para separar otras mezclas? Inténtalo con azúcar y canela.

EFECTO

El globo atrae la pimienta, pero no la sal.

EXPLICACIÓN

Este truco es otro ejemplo de la electricidad estática en acción. Cuando frotas el globo con la tela de lana, éste adquiere carga negativa.

Cuando acercas el globo a la mezcla de sal y pimienta, atrae la pimienta porque sus electrones se mueven hacia el lado opuesto al globo. El lado de la pimienta cercano al globo adquiere carga positiva. La parte con carga positiva es atraída hacia la carga negativa del globo. La pimienta se pega al globo.

El globo no atrae la sal porque sus electrones no se mueven fácilmente. Cuando acercas el globo a la sal, sus electrones se quedan donde están. El lado de la sal cercano al globo no recibe carga. La sal permanece sin carga o neutral. Así que los globos con carga negativa no atraen la sal.

PROYECTO 4
El agua que se dobla

En las actividades anteriores has usado la electricidad estática para hacer que el cereal baile y separar la pimienta de la sal. Prueba esta actividad y observa cómo la electricidad puede hacer que el agua se mueva.

MATERIALES

fregadero con agua corriente de la llave

globo

suéter de lana

ANTES DE LA FUNCIÓN

Para realizar esta actividad encuentra un lugar donde tengas acceso a agua corriente. La cocina sería un buen lugar para hacer este truco.

¡COMIENZA LA FUNCIÓN!

1. Dile a la concurrencia: "Voy a usar la magia para hacer que el agua se mueva."

2. Abre la llave y deja que el agua corra en un chorro angosto.

3. Di unas cuantas palabras mágicas para hacer que el agua se mueva. Al no ocurrir esto dile al público que necesitas ayuda de tu globo y suéter mágicos.

4. Infla el globo y haz un nudo. Frótalo con el suéter de lana.

5. Di otras cuantas palabras mágicas y pon el globo cerca de la corriente de agua. ¿Qué pasa?

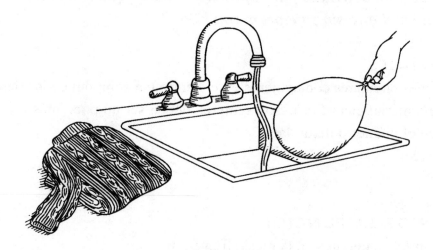

EFECTO

El agua se mueve hacia el globo.

EXPLICACIÓN

Cuando frotas el globo con la lana se transfieren electrones de ésta al globo y éste adquiere carga negativa. La carga negativa en el globo hace que algunos de los electrones del agua se muevan hacia el lado del chorro de agua opuesto al globo. El lado del agua cercano al globo adquiere carga positiva, y este lado del chorro de agua se mueve hacia el globo con carga negativa.

El chorro de agua tiene que ser pequeño para que ocurra el movimiento. La carga estática del globo es relativamente débil y no puede mover mucha agua.

Si el agua toca el globo, éste pierde su carga estática. Los electrones extra se mueven hacia el agua, ésta y el globo se vuelven eléctricamente neutrales y el agua no sigue moviéndose hacia el globo.

PROYECTO 5 Sin cuerdas

Realiza esta actividad para aprender a hacer que los imanes floten en el aire sin sujetarlos con hilo.

MATERIALES

2 imanes circulares con agujeros en el centro (se compran en las tiendas de material científico). Los agujeros deben ser un poco más grandes que el diámetro de un lápiz.

marcador

lápiz

ANTES DE LA FUNCIÓN

1. Pon los materiales en la mesa, frente a ti.

2. Trata de mantener juntas las partes planas de los imanes hasta encontrar los dos lados que se repelen. Marca estos dos lados con el marcador, de manera que sepas cómo colocar los imanes para que se repelan.

¡COMIENZA LA FUNCIÓN!

1. Dile a la concurrencia: "Voy a hacer que una pieza de metal flote en el aire."

2. Sujeta el lápiz con la punta hacia arriba. Desliza uno de los imanes sobre el lápiz de manera que éste pase por el agujero del imán.

3. Pon el otro imán sobre el lápiz de manera que los dos se repelan. Observa lo que ocurre.

SUGERENCIAS PARA LOS TRUCOS DE MAGIA CIENTÍFICA

Inténtalo con varios imanes al mismo tiempo, de manera que cada uno repela al que tiene arriba. Con esto el truco se verá aún más espectacular.

EFECTO

El segundo imán repele al otro y flota sobre él.

EXPLICACIÓN

Todo imán está rodeado de un **campo magnético** que es un campo de fuerza invisible. Todo imán tiene un polo norte y un polo sur que se atraen mutuamente, pero un polo norte repele a otro igual, y lo mismo pasa con el polo sur.

Los imanes se atraen y se repelen porque son diferentes de los demás objetos sólidos. Toda materia está hecha de átomos, y todos ellos tienen electrones en órbita alrededor de su núcleo (centro). Cada electrón girando en su órbita alrededor del núcleo del átomo crea un pequeño campo magnético llamado **dominio**. Sin embargo, en los imanes los átomos están alineados de manera que todos ellos apuntan en la misma dirección. Si los átomos fueran suficientemente grandes para verlos, podrían parecer millares de trompos girando en una mesa. Estos átomos alineados y sus electrones girando hacen de un objeto un imán. En los objetos no magnéticos los átomos están distribuidos al azar y sus campos magnéticos individuales se anulan entre sí.

PROYECTO

6

La aguja flotadora

Realiza esta actividad para hacer que las agujas floten en el aire.

MATERIALES

2 pedazos de hilo de 30 cm (12 pulgadas)

2 agujas de coser

cinta adhesiva transparente

1 frasco de 1 litro (1 cuarto de galón) limpio y seco, con tapa

regla

imán, pequeño y plano

ANTES DE LA FUNCIÓN

1. Ensarta un pedazo de hilo en una de las agujas, y recorre el hilo de manera que la aguja quede a la mitad del hilo.

2. Haz un nudo con las puntas del hilo.

3. Pega con cinta adhesiva la punta con nudo al fondo del frasco. Con la regla cerciórate de que cuando extiendas la aguja y el hilo, la punta de la aguja quede aproximadamente a 2.5 cm (1 pulgada) de la boca del frasco. En caso necesario ajusta la cinta adhesiva.

4. Repite del paso 1 al 3 con la segunda aguja e hilo.

5. Haz un lazo o rollo invertido con un pedazo de cinta adhesiva, de manera que el lado pegajoso quede por fuera. Pégalo dentro de la tapa del frasco.

6. Pega la parte plana del imán en la cinta y pon la tapa en la mesa.

7. Voltea de cabeza el frasco. Ponle la tapa y enróscala. El imán debe atraer las agujas.

8. Vuelve a voltear el frasco. El imán deberá seguir atrayendo las agujas. Si el imán no tiene fuerza suficiente, alarga el hilo hasta que el campo magnético pueda mantener hacia arriba las agujas.

9. Desenrosca la tapa y ponla sobre la mesa, cerca del frasco.

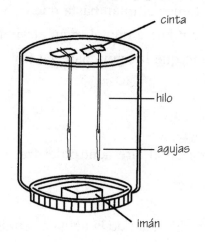

cinta

hilo

agujas

imán

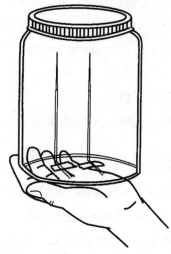

¡COMIENZA LA FUNCIÓN!

1. Dile a la concurrencia: "Voy a hacer que las agujas que están dentro del frasco se levanten del fondo de éste. Les he amarrado hilo para tener la seguridad de que no se vayan después de que yo diga las palabras mágicas."

2. Haz ondas con tu mano por arriba del frasco y ordena a las agujas que se levanten. Las agujas no se moverán.

3. Dile al público: "Estas agujas deben ser australianas, así que tendremos que ponerlas de cabeza para que trabajen."

4. Pon de cabeza el frasco, sujétalo sobre la tapa y enróscala. Vuelve a decir unas cuantas palabras mágicas y ordena a las agujas que se levanten. Éstas estarán colgando.

5. Dile a la concurrencia: "Las agujas han obedecido mi orden porque en Australia no estarían de cabeza."

6. La concurrencia creerá que las agujas cuelgan debido a la gravedad, entonces voltea el frasco. Las agujas seguirán en la misma posición.

SUGERENCIAS PARA LOS TRUCOS DE MAGIA CIENTÍFICA

Puedes hacer este truco en otra forma. Usa el lazo de cinta adhesiva para pegar el imán a la palma de una de tus manos. Mantenlo oculto a los ojos de la concurrencia. Pega en la mesa el hilo con la aguja de coser. Levanta la aguja con el dedo de la mano donde tienes el imán hasta que el hilo quede tieso. Abre lentamente tu mano de manera que el imán atraiga a la aguja y la mantenga en su lugar, haciendo que la aguja parezca flotar en el aire arriba de la mesa.

EFECTO

Las agujas, extendidas, aparentarán flotar en el aire dentro del frasco.

EXPLICACIÓN

Este truco funciona debido al magnetismo. El metal de la aguja es atraído por el imán escondido en la tapa del frasco. El imán sólo atrae tres minerales: hierro, cobalto y níquel. Una aguja está hecha principalmente de hierro.

El imán para esta actividad es un **imán permanente**, lo que quiere decir que conserva su fuerza magnética; pero los objetos de metal ordinarios, como las agujas de coser, pueden magnetizarse cuando se ponen cerca de un imán.

PROYECTO

La moneda que desaparece

Un mago puede hacer que las cosas parezcan desaparecer y luego aparezcan en algún otro lugar. Este truco es un ejemplo.

MATERIALES

masking tape
vaso de papel
imán de barra

2 monedas canadienses *dime* acuñadas el mismo año (se pueden
comprar en las tiendas de numismática)

varias monedas pequeñas

ayudante

ANTES DE LA FUNCIÓN

1. Haz un lazo invertido de *masking tape*, de manera que el lado
   pegajoso quede por fuera.

2. Pégalo al fondo del vaso de papel. Pega el imán a la cinta.

3. Pon el vaso sobre la mesa. La concurrencia no debe ver la cinta ni el
   imán.

4. Pon en el vaso un *dime* canadiense. Inclina el vaso para asegurarte
   de que el imán tiene fuerza suficiente para mantener la moneda en
   el vaso. Si no lo es, prueba con otros imanes hasta que encuentres
   uno suficientemente fuerte (los imanes circulares de cerámica que
   venden en las tiendas de artículos científicos funcionan bien).

5. Saca del vaso el *dime* canadiense, ponlo en la mesa con otras
   monedas locales. Mete en tu bolsillo el segundo *dime* canadiense.

¡COMIENZA LA FUNCIÓN!

1. Dile a la concurrencia: "Acabo de regresar de un viaje a Canadá.
   Me gustó, pero descubrí que sus monedas actúan de manera extraña.
   Son muy tímidas, y de vez en cuando desaparecen sólo para
   reaparecer después. Déjenme mostrarles lo que quiero decir."

2. Pídele a alguien del público que sea tu ayudante, pídele también
   que vea la pila de monedas sobre la mesa y que describa lo que ve.
   El ayudante dirá a los demás que sólo hay una moneda canadiense
   y varias monedas locales.

3. Pídele que ponga las monedas dentro del vaso, pero no dejes que
   vea dentro de él.

4. Levanta el vaso y sacude las monedas. Dile a la concurrencia: "La moneda canadiense detesta juntarse con otras. Va a desaparecer definitivamente."

5. Vierte las monedas en las manos de tu ayudante y dile: "Saca la moneda canadiense."

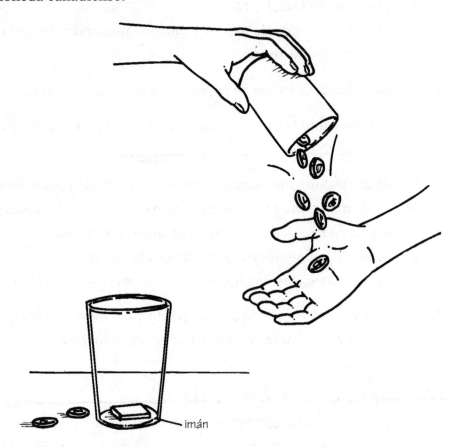

imán

6. Después de que el ayudante diga que no puede encontrarla finge oír que la moneda te llama desde tu bolsillo. Mete la mano y saca el otro *dime* canadiense.

EFECTO

La concurrencia cree que la moneda canadiense desapareció del vaso. El ayudante no puede encontrarla entre las monedas que vertiste en su mano. Cuando saques de tu bolsillo la otra moneda, la concurrencia creerá que es la misma que desapareció.

EXPLICACIÓN

El truco funciona porque varias monedas canadienses, el *dime* (10 centavos), el *quart* (25 centavos), el Loonie (1 dólar) y el Twonie (2 dólares), son magnéticas, en tanto que las de otros lugares no lo son, pues están hechas con diferentes metales. Cuando pones las monedas en el vaso y lo sacudes, el imán que está en el fondo atrae la moneda canadiense. Cuando las viertes, salen las que no son magnéticas, pero la canadiense sigue pegada al imán que está en el fondo del vaso.

Glosario

absorber. Admitir o captar y retener las moléculas de otra sustancia.

ácido. Tipo de sustancia química que reacciona con una base para formar una sal y agua.

átomo. Partículas pequeñísimas que forman la materia.

atracción. Fuerza con la cual un objeto atrae (jala) otro hacia sí.

base. Tipo de sustancia química que reacciona con un ácido para formar una sal y agua.

Bernoulli, principio de. Ley natural que establece que cuando fluye cualquier fluido, como el aire, la presión de éste disminuye conforme aumenta su velocidad.

buzo cartesiano. Dispositivo así llamado en honor a René Descartes, matemático francés del siglo XVI, en el que un gotero de bulbo de goma se mueve hacia arriba y hacia abajo en una botella, debido a los cambios de presión.

campo magnético. Campo de fuerza invisible.

centro de gravedad. Punto donde parece concentrarse el efecto de la gravedad sobre un objeto.

coloide. Mezcla de partículas pequeñísimas de una sustancia esparcidas de manera uniforme en otra sustancia.

compresión. Acción de apretar y reducir el volumen de un cuerpo.

condensar. Cambiar de gas a líquido.

convección. Proceso en el cual el calor viaja en corrientes que se desplazan a través de los fluidos (líquidos y gases).

densidad. Propiedad física de la materia que se usa para comparar dos sustancias con volúmenes iguales, pero masas diferentes.

dominio. Pequeño campo magnético creado por los electrones que giran en órbita alrededor del núcleo de un átomo.

electricidad. Forma de energía causada por el movimiento de una parte del átomo llamada electrón.

electricidad estática. Electricidad que no fluye.

electrón. Parte del átomo que gira en órbita o sigue una trayectoria circular alrededor del centro (núcleo) del átomo. Tiene carga negativa.

elemento. Sustancia que químicamente no puede dividirse más.

energía cinética. Energía de los objetos en movimiento.

energía elástica. Forma de energía potencial que se almacena en la materia cuando ésta cambia de forma.

energía potencial. Energía almacenada.

estiramiento. Extensión.

evaporar. Cambiar de líquido a gas.

evaporación del agua. Transformación del agua en un gas sin que ésta alcance la temperatura de ebullición.

fluido. Sustancia (líquido o gas) que fluye y puede cambiar de forma fácilmente, es decir, adquiere la forma del recipiente que la contiene.

fricción. Fuerza que se opone al movimiento y disminuye el movimiento de un objeto sobre otro.

fuerza. Toda acción capaz de cambiar la forma o movimiento de un objeto.

fuerza centrípeta. Cualquier fuerza que jala un objeto hacia el centro de un círculo.

gravedad. Fuerza de atracción entre dos objetos debido a sus masas.

higroscópico. Que tiene la capacidad de absorber y retener fácilmente el agua.

hipótesis. Conjetura acerca de los resultados de un experimento basada en la observación.

homogeneizar. Tratamiento al que se somete la leche para hacer muy fina la grasa que contiene y distribuirla de manera uniforme en el producto.

imán permanente. Imán que conserva su fuerza magnética.

indicador químico. Sustancia química que cambia de color cuando se mezcla con ácidos o bases.

inercia. Tendencia de los objetos a resistirse a un cambio de movimiento.

ley de la inercia. Un objeto en reposo permanece en reposo y uno en movimiento sigue en movimiento, excepto bajo la acción de una fuerza externa.

lubricante. Sustancia parecida a una película, que reduce la fricción.

magnetismo. Fuerza invisible que hace que algunas sustancias atraigan (acerquen hacia sí) o repelan (rechacen) otras sustancias.

materia. Todo lo que tiene masa y ocupa un lugar en el espacio.

método científico. Método de investigación científica que comienza con una hipótesis, continúa con un experimento, análisis de los resultados y termina con una conclusión.

molécula. Átomos enlazados o unidos entre sí.

molécula polar. Partícula (molécula) en la cual un extremo tiene carga positiva y el otro carga negativa.

neutralizar. Mezclar un ácido y una base de manera que se anulen mutuamente.

neutro. Lo que no es ácido ni base.

neutrón. Parte de un átomo que se encuentra en el núcleo. No tiene carga eléctrica.

normal. Línea perpendicular a la superficie, hacia la cual se dobla un rayo de luz.

núcleo. Centro de un átomo, constituido por protones y neutrones.

plástico polietileno. Plástico que se forma cuando se juntan moléculas de etileno. Se usa para hacer bolsas de plástico.

polímero. Cadena larga de moléculas unidas por enlaces químicos.

presión del agua. La fuerza por unidad de área causada por el continuo movimiento de las moléculas de agua que giran alrededor de las demás.

presión del aire. Fuerza ejercida por el movimiento de las moléculas de aire.

protón. Parte de un átomo que se encuentra en el núcleo. Tiene carga positiva.

química. Ciencia que estudia la materia.

reacción química. Cambio de la materia en el que las sustancias se dividen para producir una o más sustancias nuevas.

reflexión. Rebote de un rayo de luz cuando choca con una superficie.

refracción. Cambio de dirección que experimenta un rayo de luz cuando se mueve de una sustancia transparente a otra.

repeler. Rechazar.

simétrico. Exactamente lo mismo en ambos lados del centro.

solución. Sustancia disuelta completamente en otra. Disolución.

sustancia química. Cualquier sustancia que puede cambiar cuando se combina con otra.

tensión superficial. La fuerza de atracción entre las moléculas de agua, que crea una "película" delgada en la superficie del agua.

volumen. Cantidad de espacio que ocupa una sustancia.

Índice

LA EDICIÓN, COMPOSICIÓN, DISEÑO E IMPRESIÓN DE ESTA OBRA FUERON REALIZADOS
BAJO LA SUPERVISIÓN DE GRUPO NORIEGA EDITORES.
BALDERAS 95, COL. CENTRO. MÉXICO, D.F. C.P. 06040
1235140000705503DP9200IE